A Century of Prices

가격의
세 ╱ 기

A Century of Prices

Copyright, 1919
By The Magazine of Wall Street

이 책은 저작권법에 따라 보호를 받는 저작물이므로 무단 전재와 복제를 금합니다.

한국어판 © 2016 ReadySetGo Publishers Co., Ltd.

A Century of Prices

THE BRILLIANT THINKING —

가격의 세기

**치밀한 통계분석과
예리한 통찰로 빚은 가격의 원리**

시어도어 E. 버튼 / G.C. 셀든 공저 | 임고은 옮김

경제사의 흐름을 통해,
현재와 미래의 가격을 예측한다!

R/G

머리말

이 책을 구성하는 장과 그래프는 월스트리트 매거진 The Magazine of Wall Street에 처음 게재된 것들을 다수 인용했다. 이후 이 자료들은 여러 곳에서 활용되었다. 이 그래프들이 독창적일 뿐 아니라, 사업가나 투자자들의 실제 행동의 바탕이 되는 원리를 실질적으로 반영하고 있기 때문이다.

역사는 특정한 시기에 무슨 일이 발생했는지 알려준다. 하지만 이 그래프들을 면밀히 분석해보면, 그 일들이 '왜' 일어났는지 알 수 있다. 그리고 비즈니스와 재무를 통제하는 원리를, 마치 한 사업가가 다른 사업가에게 이야기하는 것처럼 간단하게 설명하고 있다.

미국 독자라면 별도로 소개하지 않더라도 이 책의

저자를 잘 알고 있을 것이다. 전 상원위원인 버튼Burton은 가격과 금융, 경제환경 사이의 관계에 관해 세계 최고의 권위자 중 한 사람이다. 그리고 G. C. 셀든Selden은 경제적 요소가 비즈니스와 투자에 미치는 영향에 대한, 예리하고 통찰력 있는 분석으로 세계에 널리 알려져 있다.

월스트리트 매거진, 1919년 8월.

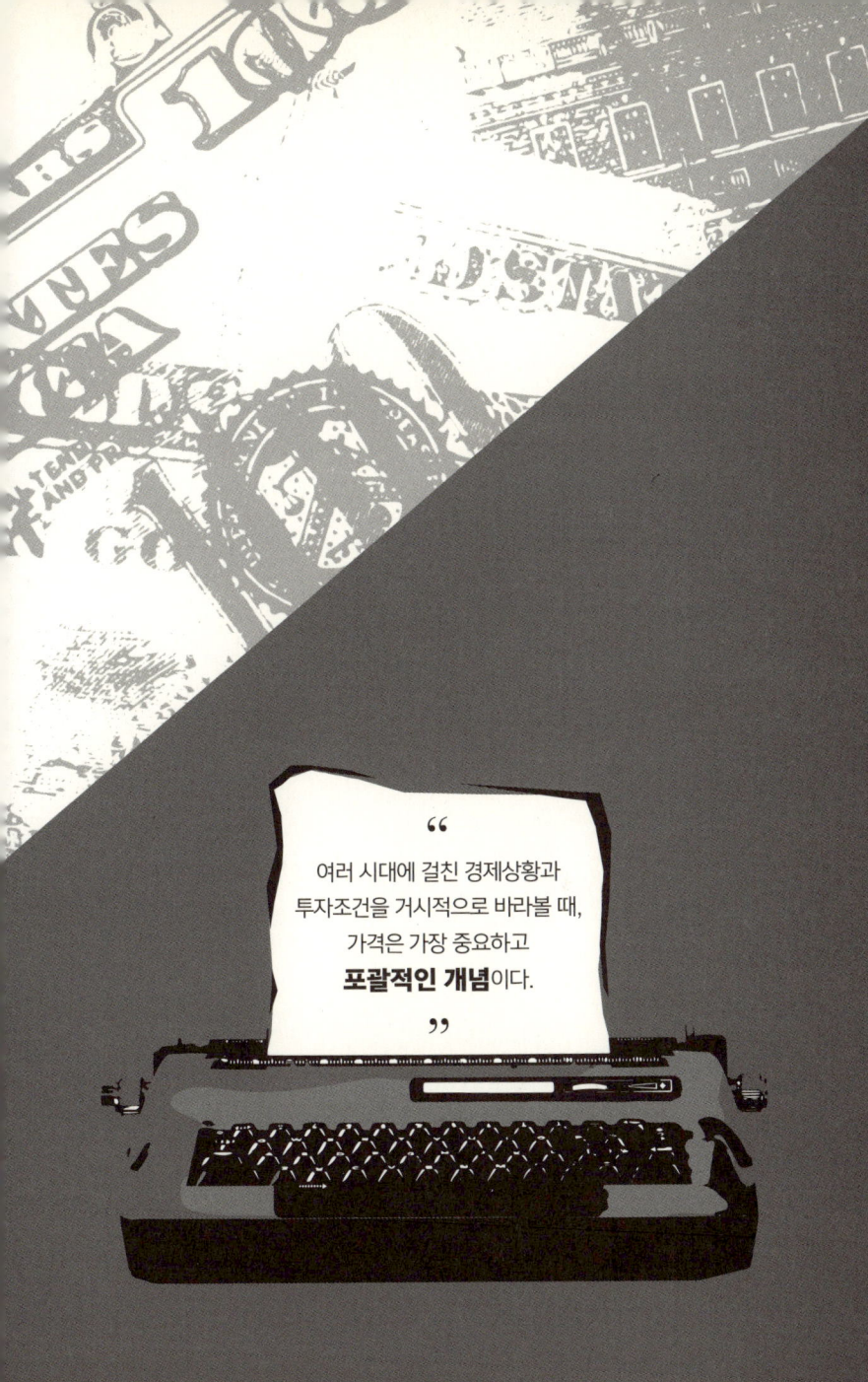

> "여러 시대에 걸친 경제상황과 투자조건을 거시적으로 바라볼 때, 가격은 가장 중요하고 **포괄적인 개념**이다."

| 목차 |

머리말 ···4

| 제1장. 경제상황과 투자조건의 지표인 가격 | ···11

| 제2장. 1790년 이후의 경제를 움직이는 거대한 힘 | ···27

| 제3장. 미국 물가는 무엇을 보여주는가 | ···53

| 제4장. 이자수익률과 금리 변화의 원인 | ···79

| 제5장. 주식 가격의 원리 G. C. 셀든 지음 | ···105

A Century of Prices

제1장
경제상황과 투자조건의 지표인 가격

제1장
경제상황과 투자조건의 지표인 가격

 통계학은 일반적으로 '딱딱'하다고 여겨진다. 하지만 이는 통계학을 완벽하게 이해하지 못했거나 통계를 이야기 하는 표현 자체가 딱딱해 보이기 때문이다. 통계학은 지난 몇 년간 그래픽 차트나 도표를 활용해 이해하기 쉽게 만들어졌다. 즉 사람들은 그래프들을 통해 상승과 하락의 원인이 되는 결정적이고 지배적인 요소를 한결 쉽게 이해할 수 있게 되었다. 그러자 통계학은 기업가들에게 '흥미로운' 탐험소설보다도 훨씬 더 황홀한 것이 되었다. 이 책은 통계학을 마치 기업가들 간의 대화처럼 알기 쉽고 현실적인 방법으로 제시하는 것이 목적이다. 또 이를 위해 정교한 그래프들이 준비되어 있다.

과거의 재조명을 통해, 현재와 미래의 경제 및 금융 조건을 해석하는 방식의 실용성은 아무리 강조해도 지나치지 않다. 이 분야에서, 앞으로 일어날 사건들은 미리 그 전조를 드러낸다. 과거의 대표적인 문제는, 상당히 오랫동안 가격을 비롯하여 경제 및 산업 통계에 대해 적절한 기록이 부재했다는 점이다. 하지만 이 문제점은 점차 극복되었다. 통계학의 중요성이 보다 널리 인식됨에 따라, 이것의 완결성과 정확성은 매년 향상되고 있다. 또한, 학자들의 심혈을 기울인 연구는 과거의 가격수준과 그 원인을 밝히는 데 추가적인 힘을 보태고 있다. 이 책에 등장하는 그래프들은 공들여 연구한 결과를 보기 편한 형태로 제시할 뿐만 아니라, 추가적인 내용도 들어있다. 모든 것이 함께 작업한 통계학자들이 인내심을 가지고 연구한 결과이다.

  이와 같은 특징의 비교통계학은 사건의 추이를 알아보는데 도움를 준다. 올바르게 해석만 한다면, 그들은 앞으로 다가올 변화에 대하여 경고하는 중요한 역할을 할 수 있을 것이다.

이와 관련하여, 버튼 상원위원이 자신감에 찬 예언을 했던 것을 언급하는 것이 좋을 것이다. 1915년 9월 덴버Denver에서, 버튼은 전미투자은행협회American Investment Bankers' Association를 대상으로 연설을 했다. 그 연설에서, 그는 금리는 높고 자본이 부족한 시기가 곧 다가올 것이라고 예견했다. 그의 예언은 당연히 환영받지 못했지만, 이후 대단히 정확한 것으로 판명되었다. 또한, 1916년 11월 출간된 기사에 실린 셀든의 예측도 짚고 넘어갈 필요가 있다. 그는 채권가격의 상승이 1917년 초에 최고조에 달할 것이고, 상당한 하락세가 잇따를 것이라고 예견했다. 그의 의견은 당시 많은 채권자들의 반박을 샀지만, 결과적으로는 놀라울 정도로 현실화되었다. 이러한 예시들을 언급하는 이유는, 누군가는 이론일 뿐이라고 말하는 대상을 연구하는 것이 사실 직접적인 가치가 있는 일이라는 것을 보여주기 위해서이다.

가격의 중요성 |

여러 시대에 걸친 경제상황과 투자조건을 거시적으로 바라볼 때, (자본의 가격이라 할 수 있는 이윤을 포함하여) 가격은 아마도 다른 통계학 요소보다 중요하고 포괄적인 개념일 것이다.

예를 들어, 금리는 전국의, 그리고 일반적인 경우라면 전 세계 자본의 수요공급의 결과이다. 거의 모든 기업은 차용인이다. 모든 은행, 그리고 많은 기관과 개인들은 대금업자의 역할을 한다. 투자자들은 활용가능한 자본의 공급을 부분적으로 통제한다. 아무리 적은 양

의 돈을 축적한 예금주라도, 그들은 간접적으로 자금시장에 영향을 미칠 수 있다. 일반적으로 기업가들은 이윤이 하락하면, 즉시 대출을 늘려야 한다. 반면에 기업의 이윤이 상승하면 은행 예금이 늘어나고, 이는 곧 유동자본의 증가와 저렴한 금리로 이어진다.

간단하고 정확하게 이해하자면, 금리의 변화는 산업 및 투자조건 전반에 대한 복합적인 지표를 제공해주는 셈이다. 그리고 이와 비슷한 원리는 이 책에서 논의할 다른 문제에도 적용이 된다.

우선 단기 금리와 장기 금리, 그리고 고등급 우량 채권의 평균 수익률이 보여주는 투자자본의 가격을 구분하는 것이 중요하다. 단기차입금 call money, 금융기관이나 증권회사 상호간의 단기대부차입. '부르면 대답한다'는 식으로 극히 단기에 회수할 수 있는 대차이기 때문에 콜이라 부른다 의 금리는 매일매일의 현금 공급량에 달려있다. 이는 자금시장의 근본적 상황을 포괄적으로 보여주지는 못한다. 어떤 면에서는 정기대부금 time money, 일정기간을 정하여 상환하는 대부금 도 마찬가지다. 다음 장에서 다루겠지만, 이 주제를 나타내는 그래프에 쓰이는 금리는 보통 6개월을 만기로 하는 주요 기업어음의 금리이다. 6개월은 금리에 상당한 안정성을 부여하기에 충분한 기간이다. 그리고 기업어음과 같은 신용화폐는 산업상황과 밀접하게 연관되어 있다. 게다가 기업어음은 단기차입금이나 정기대부금보다 더 앞선 자료를 사용하여, 금리를 더욱 정확하게 계산하는 것을 가능하게 해 준다.

평균 가격 |

채권, 주식, 그리고 제품 가격에 대한 일반적인 견해를 도출하기 위해서는, 여러 가격을 평균화하는 것이 유일한 방법이다. 하나의 채권이나 주식, 제품의 가격은 그것에만 해당되는 특수한 원인의 영향을 받기 쉽다. 하지만 수십 개의 주요한 채권과 주식, 그리고 수백 개의 제품 가격을 평균화한다면, 이처럼 사소하고 예외적인 변수는 대부분 제거된다. 결론적으로, 산출된 평균가의 변화는 제품 가격의 일반적인 상황을 반영할 수 있게 된다.

채권의 경우, 이러한 평균가를 계산하는 것은 어려울 수 있다. 모든 채권에는 만기일이 있고, 그때가 되면 채권은 액면가_{화폐나 유가증권, 채권 등의 표면에 적힌 가격}로 **상환되**

기 때문이다. 따라서 할인 판매된 채권은 액면가를 향해 점차 그 가격이 오르게 되고, 반대로 할증금이 붙었던 채권은 액면가로 가격이 내려가게 된다. 이것은 자본의 수요 공급과는 관계가 없다. 그러므로 채권의 가격이 아니라, 만기 시 채권 현가표_{미래의 어느 특정 시점의 화폐가치를 지금 현재의 화폐가치로 계산한 표}에 따라 얻게 되는 수익의 평균값을 계산해야 한다. (또는 그래프에 정리된 것에 따라 수익을 계산할 수도 있다. 일반적으로 이것이 더 편리하다.)

채권수익의 평균값은 일반적으로 채권가격의 역수이다. 즉, 채권수익의 변화는 채권가격의 변화와 정확히 반대가 된다. 왜냐하면 채권의 가격이 높을수록 수익은 낮아지기 때문이다.

오랜 기간에 걸쳐 채권수익의 평균값을 보여주는 그래프는, 같은 시기의 다른 중요한 경제 요소들을 보여주는 그래프와 함께 본다면 좋은 설명 자료가 된다.
 주식은 만기일이 없다. 따라서 스무 개에서 쉰 개 정도의 매물을 단순히 평균 내는 것만으로도, 주식 시장의 연간 추이나 월간 추이를 비교할 수 있다.

다양한 시기의 물가시장에서 거래되는 물건의 종합적인 평균값으로 대상이 되는 상품은 시기에 따라 변동한다.와 관련된 측면을 비교할 때도, 비슷한 방법이 사용된다. 널리 사용되는 평균값 중 하나는, 매월 첫날에 96개의 서로 다른 주요 상품의 총판매 가격을 보여주는 것이다. 이 값을 12개월 동안 계산한 것의 평균치는 그 해의 평균값으로 취급된다.

또 다른 방법은 물가의 '가중치를 계산하는 것'개별 품목의 중요도에 따라 가중치를 달리하여 도출하는 것이다. 이 가중치는 각 제품의 소비량과 최대한 동일한 비율로 계산된다. 그리고 소비의 가중치를 고려한 평균값과 그렇지 않은 평균값 사이에 큰 차이가 없다면, 가중치를 고려한 평균값이 더 선호되어야 한다. 왜냐하면 이것이 보다 과학적으로 계산된 값이기 때문이다. 이와 같은 형태가 1850년 이후로 미국 물가 그래프에 사용되고 있다.

해석 방법 |

보통, 가격의 변화는 역사적 고찰로 해석해야 한다. 과거와 똑같은 원인이 미래의 물가에도 비슷한 효과를 미치리라는 것은 분명하다. 정확히 같은 상황이 반복되지는 않겠지만, 개별적 원인들을 따로 분리해놓고

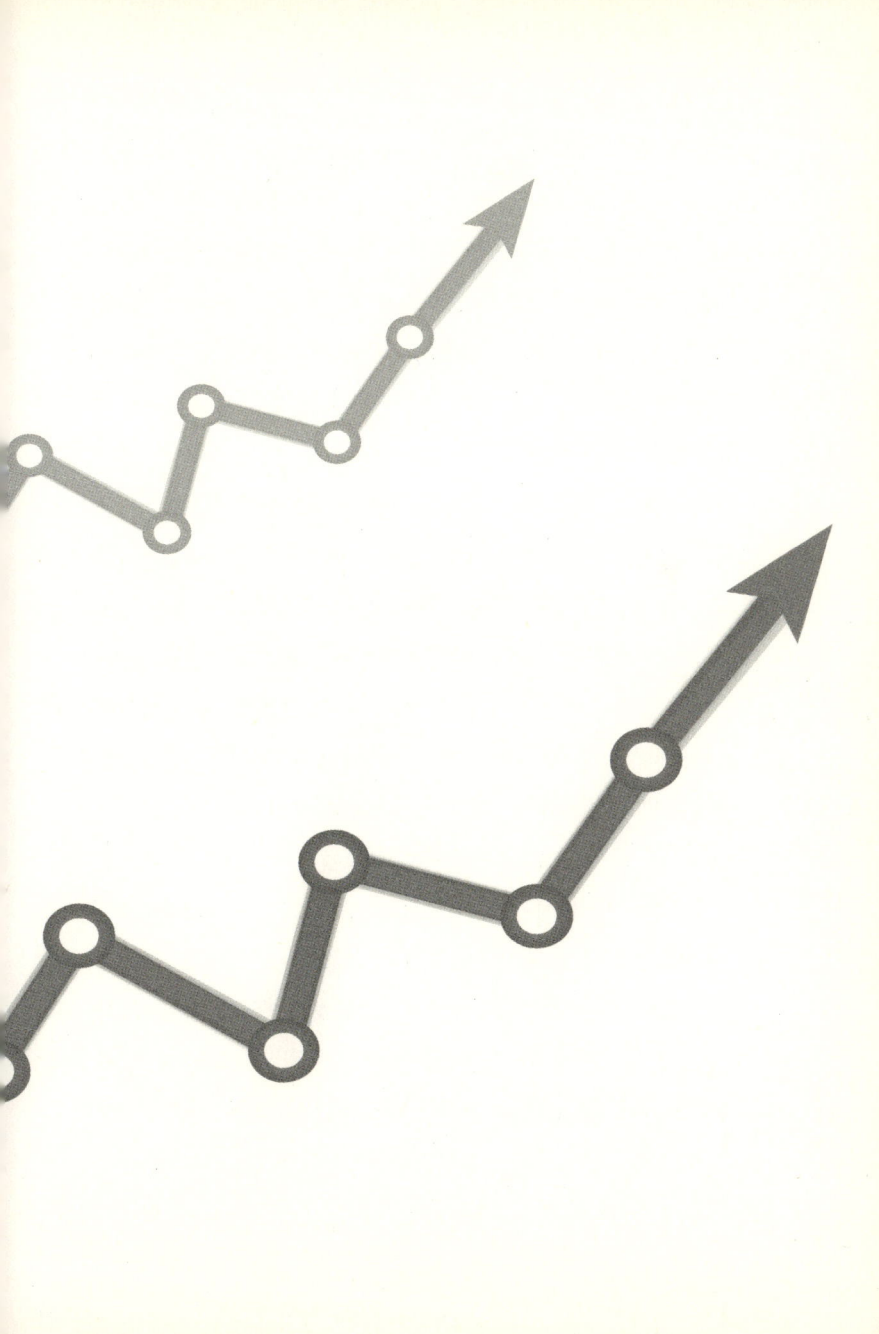

본다면 그 효과는 동일할 것이다.

게다가, 여러 시대에 걸쳐 반복되는 일련의 조건에는 놀랍도록 비슷한 점이 있다. 어릴 적 역사상 가장 현명한 사람이라고 배웠던 인물이 말하기를, 태양 아래 새로운 것은 없다고 했다. 원리와 관련해서 그의 주장은 여전히 반박의 여지가 거의 없다. 비행기는 새로운 것이지만 그것의 원리가 되는 정보는 거대한 박쥐와 도마뱀이 공중을 헤엄치던 석탄기 시대로 거슬러 올라간다. 무선통신은 새로운 것이지만, 그것은 우리가 그 기저에 있는 원리를 이제야 발견했기 때문이다. 경제사를 배우는 학생들은 과거의 가격을 결정지었던 원인들의 상호작용을 바라보면서 그 차이보다는 공통점에 놀라게 된다.

이 책에 제시된 다양한 그래프 간의 상호관계 또한 대단히 흥미롭다. 그래프들은 서로 다른 그래프를 해석하기 위한 정보를 제공하고 있음을 알 수 있다. 독자는 이 그래프들을 짜 맞추어, 경제 및 금융조건 전반에 대한 정보와 균형적인 시각을 가질 수 있게 된다. 그리고 그것으로 전체 그림을 그릴 수 있게 되는 것이다.

통계자료의 역사적 가치 또한 완전히 무시되어서는 안 된다. 독자가 관찰력이 뛰어난 분석가의 마음을 가지고 있다면, 통계자료를 통해 과거의 실제 비즈니스 조건에 대해 보다 잘 이해할 수 있을 것이다. 이것은 수많은 별개의 사실과 사건들 사이를 오랫동안 헤집고 다니는 것 보다 훨씬 낫다. 예를 들어, 오늘날 우리가 금지요율Prohibitive rates, 대출을 사실상 불가능하게 만드는 수준의 높은 금리이라고 부르는 예외적인 금리가 1840년대, 50년대 혹은 60년대 기업가들이 자금에 대해 지불해야 했던 이율이라는 사실을 알게 된다고 가정해보자. 우리는 그 당시의 산업 환경을 보다 새롭고 명백하게 이해할 수 있을 것이다.

크고 지속적인 변화를 이끌어내는 원인들 중에서, 전쟁은 특히 중요한 요소이다. 왜냐하면 전쟁만큼이나 광범위하게 급속도로 환경을 변화시키는 것은 없기 때문이다. 1919년의 독일과 1914년의 독일을 비교해보면, 전쟁이 얼마나 많은 변화를 일으킬 수 있는지를 알 수 있다. 미국은 미국 남북전쟁만큼 치명적이고 근본적인 혼란을 경험한 적이 없다. 하지만 그 전쟁이야말로 미국 역사상 가장 큰 변화를 가져온 요인이었다. 은행가, 기업가 그리고 투자자에게 이러한 변화의 특징과 그것이 우리의 미래에 미칠 영향을 이해하는 것은 매우 중요한 일이다.

이 책이 포괄적인 경향과 일반적 원칙을 다루고 있다는 점은 구태여 덧붙일 필요가 없을 것이다. 사소한 변화와 그 변화를 이끌어내는 독립된 역사적 사건을 세밀하게 조사하는 것은 역사학도들에게는 흥미로운 주제일 수도 있다. 그러나 이것은 기업가에게는 별로 도움이 되지 않는다. 그보다는 현재와 미래를 해석하는 데 실질적인 도움이 될 수 있는 요소들을 살피는 일에 시간을 할애해야 할 것이다.

*A
Century of
Prices*

A Century of Prices

제2장
1790년 이후의 경제를 움직이는 거대한 힘

영국 물가—1782년부터 이어지는 영국 물가지표는 (마지막 2년을 제외하고) '토드의 교환 기제Todd's Mechanism of Exchange'에서 가져온 것이다. 이 자료는 1860년까지는 제본Jevon 지수에 기초한 것이고, 1860년에서 70년 사이의 값은 사우어벡Sauerbeck, 지수물가평균을 구하기 위한 산식 종류에 기초한 것이다. 1871년에서 1916년 사이의 값은 영국 상무부 지수에, 그리고 1917년과 1918년 값은 이코노미스트Economist 잡지에 기초하였다. 제본 지수, 상무부 지수, 그리고 이코노미스트 수치는 상무부 지수를 기준으로 다시 계산한 것이다. 하지만 이 계산은 전체적인 그래프 모양에는 크게 영향을 미치지 않았다.

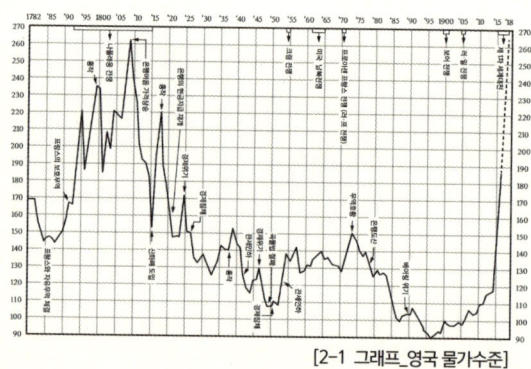

[2-1 그래프_영국 물가수준]

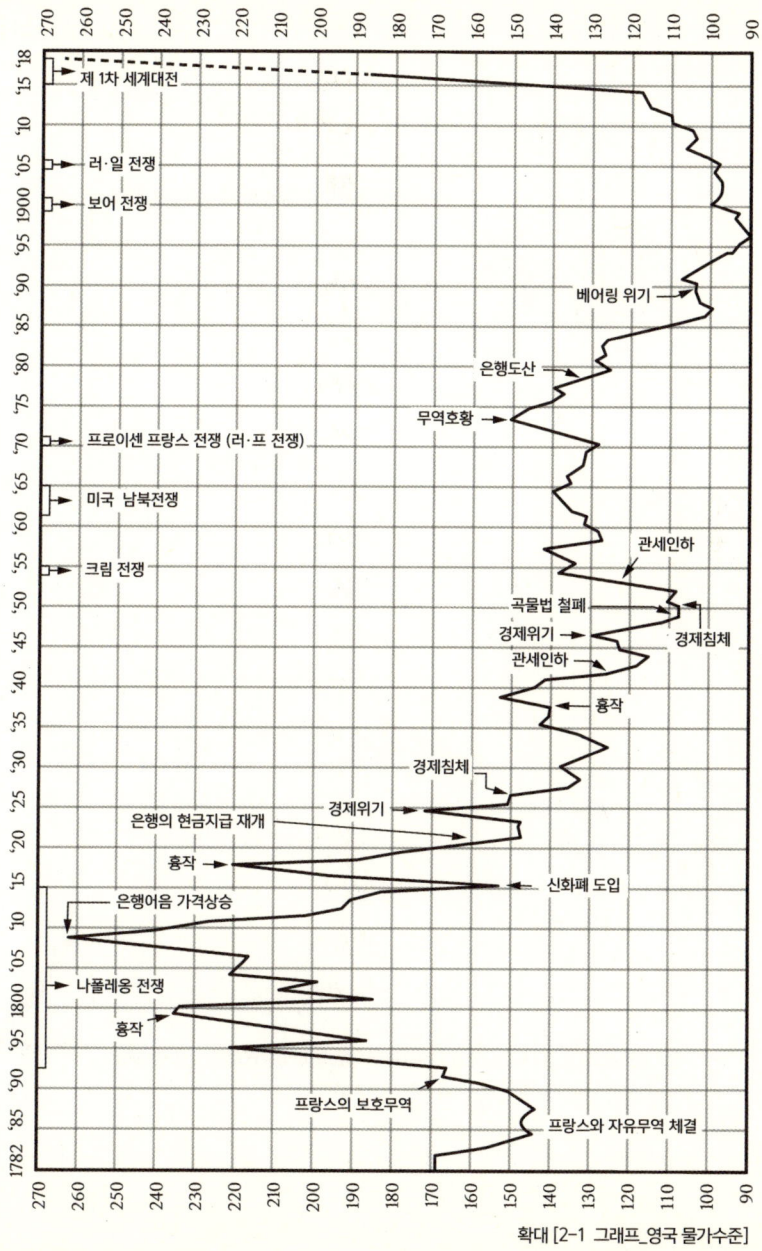

확대 [2-1 그래프_영국 물가수준]

영국 공채는 유가증권에 관한 현존하는 가장 오래된 기록을 보여준다. 영국 공채는 만기일이 정해져있지 않다. 이자율은 1888년까지는 3%였고, 1889년부터 1903년까지는 2.75%였으며, 1904년부터 현재(1919년)까지는 2.5%이다. 이자율의 변화는 가격에 영향을 미치기 때문에, 이 그래프는 같은 시기의 수익률 변화도 함께 나타냈다. 수익률 그래프는 가격과의 비교를 쉽게 하기 위해서 낮은 값에서 높은 값 순서로 기록하였다.

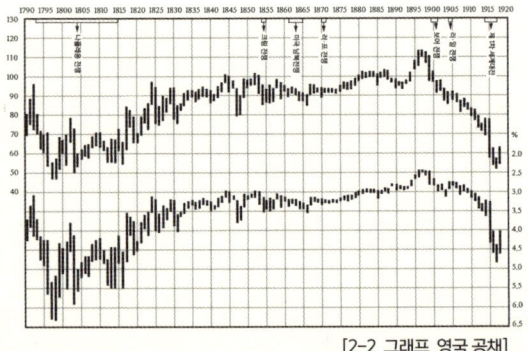

[2-2 그래프_영국 공채]

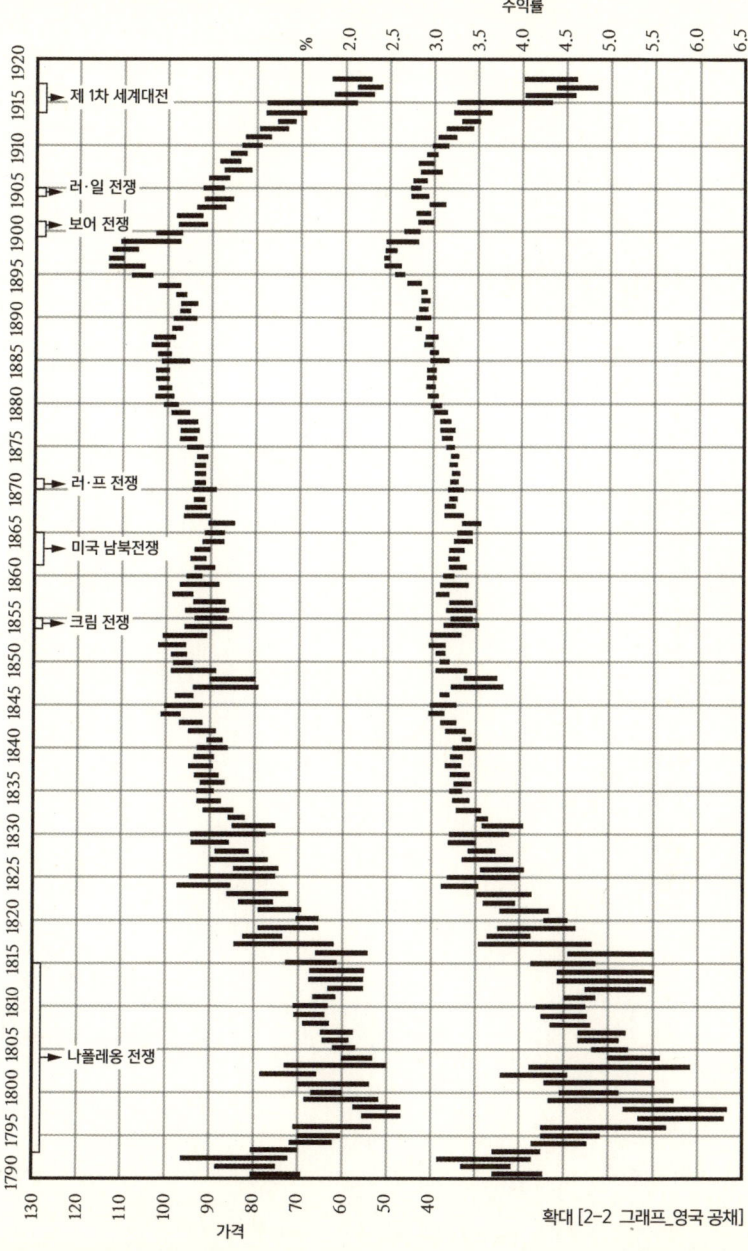

확대 [2-2 그래프_영국 공채]

제2장

1790년 이후의 경제를 움직이는 거대한 힘

경제 및 금융을 움직이는 원동력은 가능한 한 넓은 관점에서 살펴보는 것이 좋다. 그렇게 해야 경제와 금융의 원리를 더 잘 이해할 수 있기 때문이다.

넓은 관점에서 바라보기 위해서는, 미국의 상황에 대한 기록만 살펴보는 것은 부적절하다. 미국 남북전쟁 이전의 미국은 외딴 곳에 있는 새로운 미개발 국가에 불과했다. 당시 미국의 은행체계는 미숙하고, 자본의 공급은 자연 자원과 비교했을 때 미미했다. 국토의 크기가 광대한 탓에, 당시의 불완전한 교통 통신수단은 미국을 하나의 경제권으로 묶기에 터무니없이 부족했다. 또한 당시의 비즈니스 기록은 단편적이며 불완전했다.

영국은 19세기 초반 가장 높은 수준의 산업과 금융 발전을 이룩한 국가였다. 제1차 세계대전이 일어나기 전까지 세계 자본시장을 안정적으로 이끌어온 덕분에, 영국 경제의 기록은 다른 나라의 기록들보다 세계의 기업현황을 잘 대변해 준다.

1782년 이후 '영국 물가수준'을 보여주는 그래프(2-1그래프 참조) 및, 1790년 이후 '영국 공채'의 가격과 수익률을 보여주는 그래프(2-2 그래프 참조)는 지난 125년 동안 영국의 자본시장과 투자, 비즈니스 상황을 밀도 있게 보여준다.

물가 |

물가수준을 먼저 살펴보자. 여기서 가격이란 절대적이고 독립적인 숫자가 아니라, 일종의 '관계성'을 보여준다는 중요한 사실을 알아야 한다. 이 '관계성'이란, 가격이 매겨진 물건의 가치와 금 혹은 당시 표준화폐의 가치와의 관계를 말한다.

그러므로 가격을 두 가지 각도에서 살펴보아야 한

다. 하나는 화폐가치의 측면이고, 다른 하나는 상품가치의 측면이다. 상품의 화폐가치는 친숙한 개념이다. 그 반대 개념인 화폐의 상품가치는 낯선 이야기일 수는 있지만 마찬가지로 중요하다.

물가가 상승한다면, 그것은 상품의 가치가 올라갔기 때문일 수도 있고 화폐의 가치가 떨어졌기 때문일 수도 있다. 물가가 하락한다면 그것은 상품이 더 싼 가격에 생산되었기 때문일 수도 있지만 통용되어야 하는 화폐의 부족으로 화폐의 가치가 높아졌기 때문일 수도 있다.

이 두 가지 요소는 지속적으로 영향을 미친다. 둘 중 하나가 더 중요한 요소가 될 때도 있고, 다른 하나가 더 중요해지는 경우도 있다. 따라서 일반적인 물가수준의 변화는 항상 두 가지의 힘이 동시에 작용한 결과이다.

일시적이고 사소한 물가 변화에 영향을 미치는 또 한 가지 중요한 요소가 있다. 이것은 '가격의 심리학'이라고 불린다. 구매자들은 다른 구매자들이 공통적으로 갈망하는 물건을 더욱 갖고 싶어 하는 경향이 있다. 판매자들도 마찬가지이다. 따라서 매매 행위가 일단 시작되면, 물가는 자연스러운 수준을 넘어서 변화할 수 있다.

또한, 어떤 가격은 관습에 의해 고정돼 있어서 실제 환경의 변화에 매우 느리게 반응하기도 한다. 하지만 이러한 요소들은 한 세기의 전반적인 가격 변동을 살펴볼 때는 별로 중요하지 않은 것들이다.

이와 같은 원칙들을 염두에 두고 생각해보자. 영국 물가는 어떤 경제 혹은 금융조건의 변화를 반영하고 있는가? 이러한 변화가 전 세계 상업시장의 가격을 전반적으로 대변한다는 것을 잊으면 안된다.

가장 먼저 눈에 띄는 점은 1793년부터 1815년까지 이어진 나폴레옹 전쟁과, 1914년부터 1918년까지 이어진 1차 세계대전이 가격에 미친 엄청난 효과이다. 1809년 최고 물가수준은 프랑스 혁명이 일어났던 1789년의 물가보다 80퍼센트 이상 높았다. 그리고 1918년 말 영국의 물가수준은 1914년 7월의 물가보다 약 125퍼센트 높았다. 두 경우 모두 (나중에 살펴보겠지만 미국 남북전쟁도 마찬가지이다.) 높은 물가는 생산품 부족의 결과였다. 이는 병력과 전시노동 등으로 상당수의 노동력이 분산되었기 때문이었다. 또한 전시의 특수한 수요 및 파괴가, 현금과 신용화폐의 엄청난 인플레이션과 맞물려 일어난 일이기도 했다.

많은 현금이나 신용화폐, 혹은 그 두 가지 모두가 없었더라면 물가가 그토록 무시무시하게 상승하는 일은 일어나지 않았을 것이다. 밀의 가격이 1킬로그램에 2달러로 상승하였다고 가정하자. 이때, 밀이 1킬로그램에 1달러이던 때처럼 수천 킬로그램의 밀을 구입하기 위해서는 두 배의 돈이 필요하다. 다른 상품도 마찬가지다. 현금과 신용화폐가 더 많이 공급되지 않는다면, 상품 부족으로 인한 가격의 상승은 곧 '금융긴축tight money', 자금수요가 공급을 초과하여 자금공급이 부족한 상태을 야기하게 될 것이다. 그리고 '금융긴축'은 지극히 중요한 전시 생산을 심각하게 저해하는 원인이 된다.

지난 전쟁에서, 영국과 미국은 가격고정정책을 활용하여 가격이 급등하는 것을 막으려고 노력했다. 결과는 불만족스러웠고, 특히 석탄이나 밀의 경우가 그랬다. 하지만 그와 같은 정책이 없었을 때 어떤 일이 벌어졌을지 생각해본다면, 전체적인 측면에서 그 실험은 성공적이었다고 볼 수 있다. 전시에 물가상승을 막을 수 있는 유일한 정책은, 정부가 사회주의에 가까운 수준으로 가격을 통제하는 것이다.

크림 전쟁_{1853~1856년 러시아와 오스만튀르크, 영국, 프랑스 연합군이 크림반도와 흑해를 둘러싸고 벌인 전쟁}이나 미국 남북전쟁처럼 규모가 작은 전쟁들(전반적으로 세계에 미친 영향을 고려했을 때 작다고 하는 것이다.)이 가격에 미치는 영향은 대체로 비슷하지만 덜 중요하다. 러·프 전쟁이 끝나고 난 뒤에도 마찬가지로 소규모의 가격상승이 일어났다.

높은 전시 물가는 곧 하락하게 되어 있다. 하지만 가격하락의 범위와 강도는 당시 상황에 영향을 미치는 다양한 조건들에 의해 달라질 수 있다.

저렴한 생산의 효과 |

다음으로 주목해야 할 것은, 1896년에 이르기까지 87년 동안 전반적인 물가는 하향세였다는 점이다. 비록 여러 차례의 날카로운 주가상승과 물가상승이 있었으나 이와 같은 경향은 유지되었다. 물가상승은 당시에는 매우 중요한 것으로 여겨졌지만, 결과적으로는 일시적인 현상으로 드러났다. 1820년과 1900년을 전쟁에 영향을 받지도 않고, 물가가 높지도 낮지도 않았던 평범한 해라고 생각해보자. 그러면 두 해 사이의 물가지수는 약 180에서 100정도로, 즉 45퍼센트 정도 하락하고 있음을 볼 수 있다.

이러한 물가하락의 주요 원인은 기계와 교통이 발전함에 따라 생산단가가 저렴해졌다는 점이다. 기계로 만든 신발은 손으로 만든 신발에 비해 적은 노동력을 필요로 하므로, 더 저렴하다. 트랙터, 수확기, 탈곡기를 사용하여 농사를 짓고 철로를 통해 시장으로 운반한 밀은, 손으로 씨를 뿌리고 수확한 다음 거칠고 질척한 길을 따라 말로 운반한 밀보다 저렴하다. 모든 산업에 걸쳐 이 같은 변화가 확장되었다.

이처럼 지속적으로 생산단가가 저렴해진다고 가정한다면 의문점이 하나 있다. 1850년에서 1873년 사이와 1896년에서 1914년 사이, 대량생산이 최고로 발전한 시기에 어째서 물가가 상승한 것일까? 1850년과

1896년이 상대적으로 무역이 저조한 시기였던 것은 사실이다. 하지만 그것만으로는 질문에 대한 답이 되지 못한다. 보다 포괄적인 원인을 밝혀야 한다.

해답은 물가관계의 반대쪽 끝에서 찾을 수 있다. 바로 화폐의 공급이다. 상품의 공급이 증가한다고 하더라도, 화폐의 공급이 훨씬 더 빠르게 증가한다면 물가는 오를 수밖에 없다.

1850년 세계의 금 생산량은 연간 4천만 달러였다. 캘리포니아와 호주에서 금광이 발견된 덕분에, 1853년의 금 생산량은 약 1억 5천만 달러로 증가했다. 1874년에는 9천 1백만 달러로 감소했다. 그리고 1893년에 이를 때까지 50년대에 높았던 수준 이상으로는 오르지 않았다. 1893년 캐나다의 클론다이크Klondyke에서 금광이 발견되고 채굴 방식이 발달하면서, 금 생산량은 다시 한 번 크게 증가하기 시작했다. 그리고 1912년 4억 6천 6백만 달러에 이르렀다. 그날 이후로 금 생산은 비교적 꾸준하게 유지되어 왔다.

전 세계적으로 축적된 금의 양을 고려한다면 더 나

은 시각에서 이 문제를 바라볼 수 있다. 왜냐하면 지금까지 아주 적은 양의 금만이 소비되었기 때문이다. 1850년 금의 재고량은 약 22억 달러였다. 이후 제법 규칙적으로 증가하여 1896년에는 약 60억 달러에 이른 것으로 추정된다. 그 이후로는 더 빠른 속도로 증가하여 1916년에는 재고량이 대략 1백 10억 달러에 달했다.

이 같은 금의 공급량 증가에 더하여, 금에 상응하는 달러에 기반을 둔 신용화폐은행의 신용으로 만들어진 화폐, 구체적으로 은행권, 어음, 수표 등이다.도 꾸준히 증가하였다. 신용화폐는 사업 거래에서 현금과 똑같은 역할을 수행한다. 미국에서는 95퍼센트 이상의 지불행위가 신용화폐의 한 종류인 은행수표로 이루어진다.

따라서 다음과 같은 결론을 내릴 수 있다. 1850년부터 1873년 사이에 현금과 신용화폐 공급이 증가한 속도는 저렴한 방식으로 생산된 상품 공급량이 증가하는 속도보다 빨랐던 것이다. 그 결과 (세 번의 전쟁도 영향이 있었겠지만) 물가는 상승했다. 한편 1873년부터 1896년 사이에는 상품 생산의 증가가 우위를 점했고,

결과적으로 전반적 물가가 하락한 것이다. 1896년 이후에는 금 생산의 증가와 이에 따른 신용화폐 사용의 증가가 전세를 역전시켰고, 물가가 높아지게 된 것이다.

물가수준의 사소한 변화에 대한 원인은 그래프에 나타나있다. 이와 같은 사소한 변동은 시간이 지남에 따라 덜 격정적이 된다. 이는 매우 바람직한 발전이다. 만약 물가를 안정적으로 유지하려는 계획을 세울 수 있다면, 그것은 더 없이 큰 은총일 것이다. 그러나 그 계획은 전 세계적으로 활용 가능한 것이어야 한다. 지금껏 여러 가지 기발한 방법들이 제시되었지만, 그 방법들은 지금보다 훨씬 더 높은 수준의 국제기구를 필요로 하는 것들이었다.

자본 공급 |
이 책에서 다루고 있는 것처럼, 오랜 기간에 걸친 자본의 상대적 공급을 가장 잘 나타내주는 지표는 영국의 정리차입금 수익률이다. 공채는 만기일이 없어서, 다른 보증보다 더 길고 꾸준한 기록을 유지할 수 있다. 이자율은 두 차례 감소했기 때문에, 그래프의 완결성을 위하여 공채 가격과 수익률을 모두 표기하였다.

물론, 영국 공채public debt, 국가 또는 지방자치단체가 재원조달을 목적으로 하는 채무의 가격에는 두 가지 요소가 있다. 하나는 영국이라는 국가의 신용이고, 다른 하나는 투자자본의 수요와 공급 간 관계이다. 1816년부터 1914년까지, 영국의 신용은 매우 높았다. 따라서 이 시기의 공채 수익률의 변화는 거의 대부분 자본의 수요 공급이 달라졌기 때문에 일어난 일이었다. 하지만 나폴레옹 전쟁과 1914년의 제1차 세계대전으로 인해 영국의 채무는 크게 증가했고, 영국의 국가 신용도 영향을 받았다. 이와 더불어 전쟁 중 자본의 급속한 분산으로 인해 영국 공채의 가치는 하락했다. 그러나 공채 가격변화의 가장 큰 원인은 수요와 비교한 자본의 상대적 공급량이었다는 점에는 의문의 여지가 없다.

1896년까지 이어진 물가의 전반적 하락세가, 주로 기계와 교통의 발전으로 인한 생산력 증가 때문이었다는 점은 이미 지적한 바 있다. 이와 동일한 원인으로, 수요에 비해 자본의 상대적 공급량이 증가하게 되었다. 그 영향력은 1798년부터 1896년까지 공채 가격의 상승에서 드러난다. 영국의 신용이 완벽하게 회복된 1825년 이후로, 현금수요의 과잉 상태에서 자본의 축적은 공채 가격상승의 주된 원인이 되었다.

이는 1890년대 후반, 자본의 이자율이 계속해서 하락할 것이라는 일반적인 믿음을 자아냈다. 사람들은 적어도 이자율이 눈에 띌 정도로 오르지는 않으리라고 생각했다. 이유는 단순했다. 노동력을 활용하는 방법이 발전했기 때문에, 이는 더 큰 부의 생산으로 이어질 것이고, 그것은 결과적으로 더 높은 비율의 자본 축적을 가져오리라는 것이었다. 이러한 믿음은 거의 한 세기 동안 채권의 가격을 높이고 수익률을 떨어뜨렸다. 비슷한 원인이 계속해서 작용한다면 비슷한 효과가 나타나리라는 가정은 매우 강력한 것이었다.

비슷한 원인은 실제로 계속 작용했다. 그러나 우리가 물가를 논의하면서 보았듯이, 1896년 이후로는 또 다른 강력한 영향력이 작용하여 이전의 원인을 넘어섰다. 그것은 현금과 신용화폐의 공급이 상품의 공급보다 훨씬 빠르게 증가했다는 사실이었다. 이는 물가의 상승을 가져왔던 것이다.

자본의 흐름 Ⅰ

 현금이나 신용화폐가 풍부해지면 공채나 다른 유가증권_{재산적인 권리를 청구할 수 있는 증서 전반}의 가격이 높아질 것이라고 생각하기 쉽다. 은행에 예금이나 유동자본이 쌓이게 되기 때문에, 일시적으로는 그런 효과가 있을 수 있다. 이 유동자본은 즉시 유가증권으로 흘러들어가 그들의 가격을 높이기 때문이다. 하지만 이것은 단지 일시적인 효과에 불과하다. 유동자본은 곧 유가증권을 지나쳐 흘러가게 되고, 정부, 지자체 또는 협동조합의 지출을 통해 구체적이고 만질 수 있는 것들로 유입된다. 사실, 유가증권은 이처럼 구체적이고 만질 수 있는 물건을 위한 지출을 확보하려는 목적으로 발급되었을 뿐이다.

 예를 들어, 공채로 흘러들어간 자본을 영국 정부는 가만히 놓아두지 않는다. 그 돈은 머지않아 '쓰이게' 된다. 돈을 쓴다는 것은 노동력을 고용하거나 물건을 구입하는 것을 의미한다. 쉽게 말해서, 유동자본은 실체가 있는 재산으로 곧장 환원되는 것이다. 그렇게 되면, 공채에 유입된 자본은 즉시 대리석, 벽돌, 건축용 철근, 음식, 의복, 노동자를 위한 물품 등으로 뒤바뀌게 된다. 이는 모든 종류의 유가증권에 적용되는 사실이다.

따라서 최초의 자금시장에서는 금 생산이 늘어나고 신용기관이 확장된 것처럼 보일 수 있지만, 이것은 즉시 그 상태를 지나쳐 물가상승이라는 보다 영구적인 모습으로 나타나게 되는 것이다.

물가상승이 지속되면 화폐의 수요와 함께 채권에 찍힌 이율은 점점 증가하고 채권 자체의 가격은 하락하게 된다. 채권 투자자는 늘 그래왔던 것처럼 그의 이자수익을 현금의 형태로 생각한다. 하지만 그 수익을 실제로 사용할 때는, 물가수준에 따라 무엇을 구매할 수 있는지가 달라진다. 만약 그의 이자수익이 고정되어 있는 동안 물가가 상승했다면, 그의 실제 수익은 감소한 것이다. 노동자의 임금이 올라야 하는 것과 정확히 같은 이유로, 그의 현금수입도 물가상승에 따라 증가해야만 한다.

마찬가지로, 물가가 상승하면 투자자본의 공급량이 줄어들고 자본의 가격은 올라간다. 즉, 유가증권에 대한 이자수익률이 올라간다는 것이다. 축적된 자본은 유가증권을 통해 빠른 속도로 상품으로 흘러들어간다는 것을 앞서 살펴보았다. 따라서 상품의 가격이 상승할수록, 상품은 더 많은 자본을 끌어들이게 된다. 바로 앞에서 언급한 예시에서, 건축자재의 가격과 노동임금이 두 배로 상승한다면, 정부가 건물을 짓는 데는 두 배의 자본이 들게 되는 것이다.

채권수익 또는 투자자본의 가격과 물가수준 사이에는 일반적인 인식보다 훨씬 밀접한 연관성이 있다. 이는 선험적 추론보다는, 2-1 그래프에 나타난 것과 같은 역사적 기록을 살펴볼 때 더욱 분명히 알 수 있다.

2-1과 2-2 두 그래프를 비교해 보면, 공채 그래프가 전체적으로 물가 그래프와 정반대라는 것을 한 눈에 알 수 있다. 심지어 현대사회의 조건과 부분적으로만 상응하는 불규칙한 나폴레옹 전쟁 시기에도, 낮은 공채가격과 높은 물가가 서로 부합하고 있다. 1805년에서 1896년 사이에, 이러한 역대응은 명백히 드러난다. 이 원리가 가장 여실하게 드러나고 있는 시점은 1896년부터 오늘날(1919년)까지이다. 이 시기에 물가

는 갑작스레 변동하였고, 2년이 채 지나기 전에 공채 가격도 마찬가지로 급격한 변화를 보였다. 두 개의 가격 그래프는 오늘날까지 거의 정확한 역대응을 이루고 있다.

전쟁 후 가격변화 I

이 그래프를 통해 알 수 있는 것은, 영국 비즈니스 환경에 직접적이고 중요한 영향을 미친 모든 전쟁은 물가의 상승과 공채가격의 하락에 뒤이어 일어나거나 이와 거의 동시에 발생했다는 점이다. 그리고 그러한 전쟁 이후에는 (보어 전쟁1899~1902년 영국이 남아프리카공화국 지역을 식민지로 삼으려 하자 이에 반기를 든 원주민과 영국 사이에 벌어진 전쟁을 제외하고) 물가는 떨어지고 공채의 가격은 올라갔다. 오랫동안 지속되던 물가상승은 보어 전쟁을 기점으로 약 6년 동안 멈추었다. 그리고 비록 크게 눈에 띄는 변화는 아니었지만, 공채의 수익은 몇 년 동안 그와 반대되는 흐름을 보였다.

다음장에 나오게 될 그래프는 이와 비슷한 경향이 미국 남북전쟁 시기와 전후의 미국에서도 매우 분명하게 드러나고 있음을 보여줄 것이다.

따라서 이것이 전후 가격변화의 원칙이라는 결론을 내릴 수 있다. 이 원칙은 변경될 수는 있어도, 완전히 무시되는 일은 거의 없을 것이다. 그리고 앞으로 몇 년 동안 영국 물가는 점진적으로 하락할 것이며, 공채를 비롯한 유가증권의 가격이 증가할 가능성은 매우 크다고 볼 수 있다.

A Century of Prices

A Century of Prices

| 제3장 |

미국물가는
무엇을 보여주는가

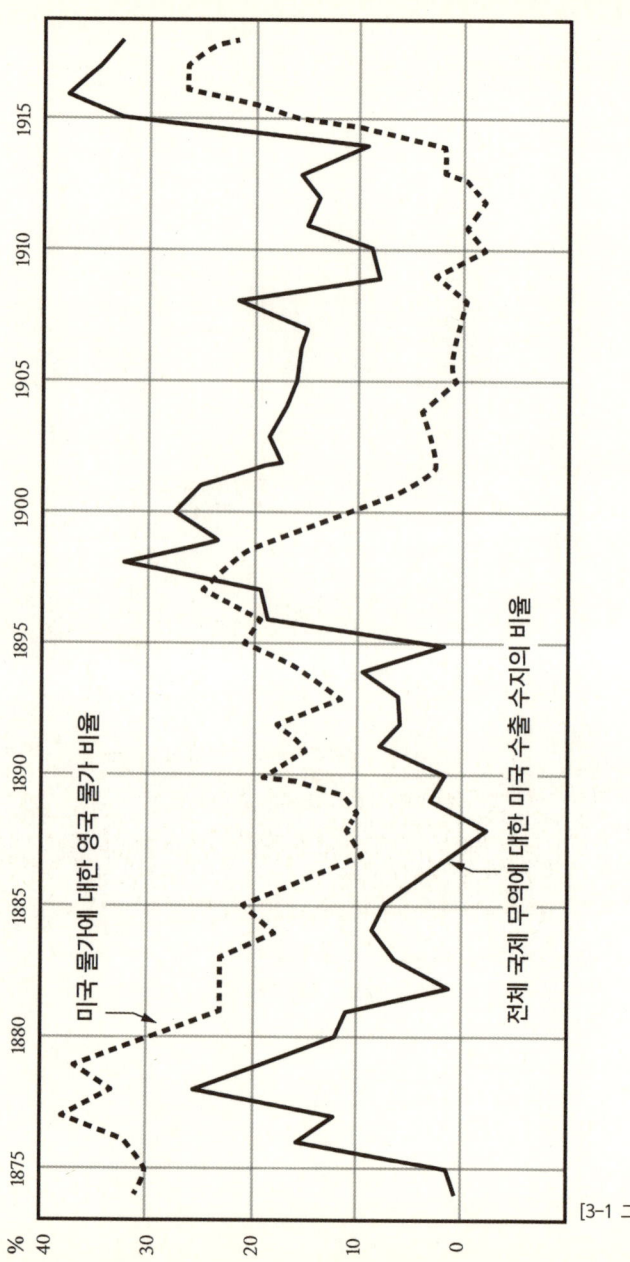

[3-1 그래프]

[예상했겠지만, 가장 큰 규모의 수출은 보통 영국 물가가 미국 물가보다 상대적으로 높은 시기에 일어난다.]

물가 수준―가중치를 적용한 포크너 물가 지수는 미국 상원에 제출한 알드리치Aldrich의 도매가 보고서에 활용된 것이다. 포크너 지수는 1889년까지의 값을 표현하기 위해 사용되었다. 1889년부터 현재까지는 던 지수가 쓰이고 있다. 던 지수는 모든 주요 제품들의 도매가 평균에 가중치를 적용하여 나타낸 것이다. 이 밖에도 여러 사람들에 의해 정리된 다양한 지수는, 일반적인 경향에서 크게 벗어나지 않는 사소한 변화만을 보인다. 미국 남북전쟁 시기와 그 직후, 그래프에서 점선으로 표시된 부분은 당시 평가절하 된 화폐의 가격을 보여준다. 그리고 같은 시기에 실선으로 표시된 부분은 이에 상응하는 황금의 가격을 나타낸다. 이 시기를 제외하고, 황금 가격을 물가와 전적으로 비교하는 것은 어려운 일이다. 많은 상품의 가격은 관습에 의해 고정되어 있기 때문에, 황금에 붙은 추가금액의 효과를 완전히 느끼기란 어렵기 때문이다.

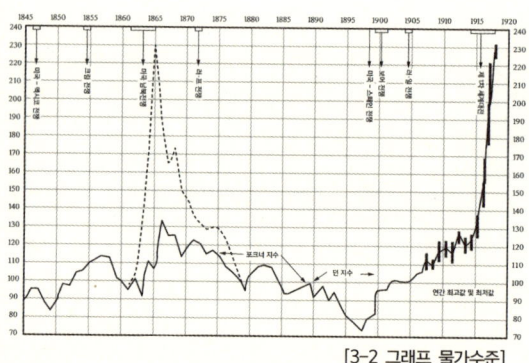

[3-2 그래프_물가수준]

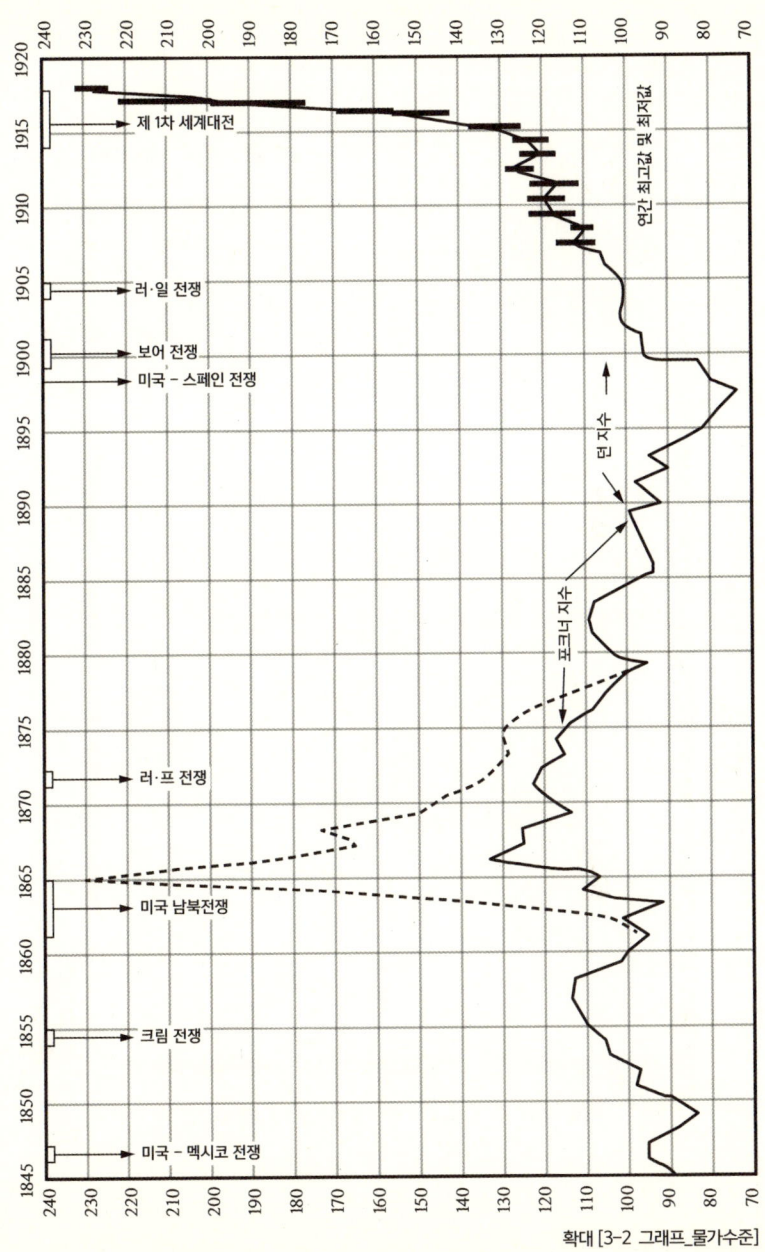

확대 [3-2 그래프_물가수준]

밀과 목화―1820년 이후로 뉴욕에는 꾸준한 캐시코튼 시장이 있었다. 그러나 밀의 경우, 미국 남북전쟁 이전에는 지역에 따라 가격이 천차만별이었고, 이후에 통용된 표준등급도 존재하지 않았다. 에리 운하Erie Canal 완공 이후, 알바니Albany 지역은 밀 거래에서 현재 시카고만큼의 비중을 차지하게 되었다. 그러나 안타깝게도 당시 가격에 대한 기록은 몇 년 전 발생한 화재에 의해 소실되었다.

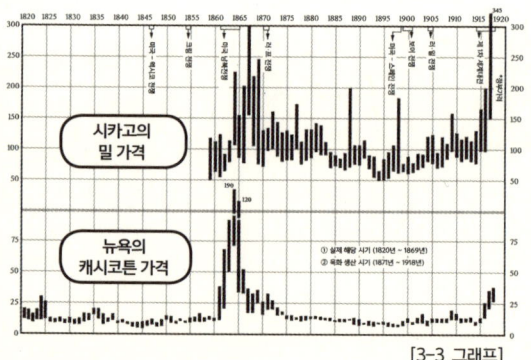

[3-3 그래프]

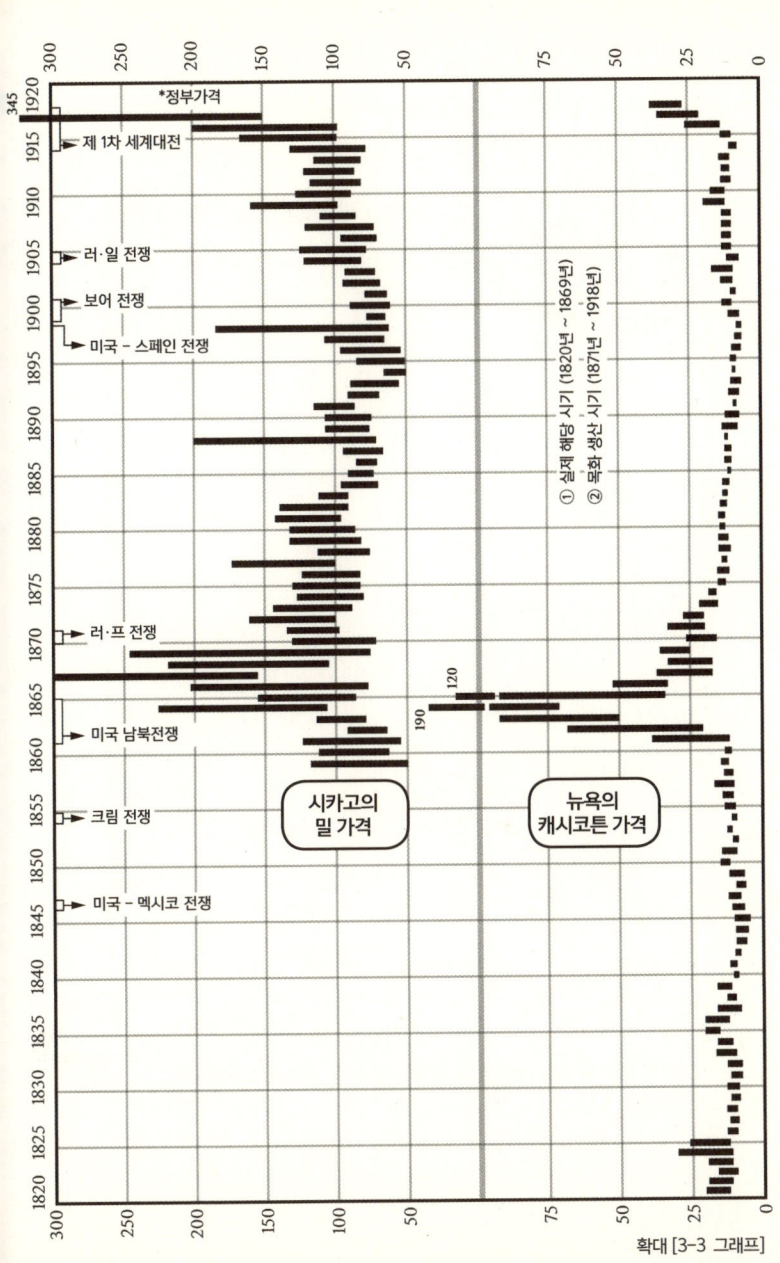

확대 [3-3 그래프]

제3장
미국 물가는 무엇을 보여주는가

　예상했다시피, 미국 물가에 적용되는 보편적인 원칙은 앞장에서 살펴본 영국 물가의 원리와 동일하다.

　유럽에서와 마찬가지로 미국에서 역시 대규모의 전쟁은 물가의 가파른 상승을 가져왔다. 비록 오를 때와 마찬가지로 가파른 속도는 아니었지만, 전쟁이 끝나면 물가는 다시 하락했다. 1865년부터 1897년 사이에 계속된 물가하락은 대체로 기계와 교통의 발전이 생산비를 감소시켰기 때문에 일어난 것이었다(3-2그래프 참조).

　늘어난 금 생산량은 미국 남북전쟁 이전과 1897년 이후에 물가상승을 유발하는 중요한 요인이 되었다. 이 '황금 붐' 시기에 일어난 투기의 효과는 분명하게 드러나 현금과 신용화폐의 팽창이 그 영향을 불러왔다.

한편, 이러한 요소들이 상황에 개입하는 정도에는 시기별로 분명한 차이가 있다.

1850년 이전의 미국 물가에 관하여, 신뢰할 만한 평균값을 집계하는 것은 현실적으로 불가능하다. 물론 포크너 지수Falkner's Index, 물가수준에 가중치를 적용한 물가지수가 1840년까지를 다루고 있기는 하다. 하지만 보간법interpolation, 둘 이상의 변수값의 함수값을 알고 그것들 사이에 임의의 변수값 내지는 그 근사값을 구하는 계산방법을 사용했다는 점과 그 이전 시대에 발생한 필요에 따른 변화들 때문에, 그 지수는 명백한 결점을 갖고 있다. 3-2 그래프에 제시된 것처럼, 1850년 이후의 물가는 전반적인 경향에 대해 비교적 정확한 값을 제공하고 있다. 미국 남북전쟁 시기와 그 이후 화폐의 가격은 점선으로 표시되어 있다. 실선은 황금의 가격을 보여주는데, 이는 당시 현금에 비해 상당한 프리미엄을 받고 있었다.

전쟁 물가의 원인 |
이러한 방식을 통해, 미국 남북전쟁 당시 통화인상의 효과를 비교적 정확하게 관측할 수 있다. 하지만 이 시기와, 제1차 세계대전이 일어났던 시기인 1914년에서 1918년 사이에 비슷한 점을 찾아내기는 어렵다. 미국은 1917년 전쟁에 참여했다. 이때까지 미국의 통화는 거의 모두 금으로 되어 있었다. 이는 유럽에 전쟁 물자를 대량으로 판매하면서 이 노란색 금속이 미국 해변으로 다량 유입되어 들어왔기 때문이었다. 이러한 현상은 '황금 인플레이션'이라고 불렸다. 1917년과 1918년에는 연방 준비 은행권의 형태로 화폐가 증가하였다. 이는 정부의 어음재할인_{시중의 일반은행이 할인에 의해 받은 어음을 중앙은행이나 다른 은행에 의뢰해 재할인을 받아 자금을 융통 하는 것}과 연방은행의 신종기업어음_{투자자와 기업 사이의 자금수급관계를 고려하여 금리를 자율적으로 결정하는 어음} 덕분이었다. 이 어음들은 미국 은행체계의 혁신적 변화를 통해 발행이 가능해진 것이었다.

그 결과, 현금과 신용화폐가 증가했다. 이는 실질적 인플레이션으로 이어졌다. 하지만 미국 남북전쟁 시기처럼 황금 가격에 대한 프리미엄이 있는건 아니어서, 인플레이션 정도를 측정할 수는 없었다. 또 한 가지 중요한 차이점은, 미국 남북전쟁 당시의 통화인상은 미국 내에 국한된 것이었던 반면, 제1차 세계대전 시기의 통화인상은 거의 전 세계적인 현상이었다는 것이다.

그러나 미국 남북전쟁 당시의 높은 물가가 오로지 통화의 부족 때문만은 아니다. 1863년부터 1866년까지 영국의 물가는 거의 일정하게 유지된 반면, 미국의 황금 가격은 47퍼센트 정도 상승했다. 이것은 1914년부터 1918년 사이에 미국의 물가가 87퍼센트 상승한 것에 필적하는 현상이다. 방금 살펴보았듯이, 후자의 경우는 주요 화폐가 증가함으로써 발생한 현상이었다. 반면 미국 남북전쟁 당시에는 황금의 축적량이 늘어난 덕분에, 1861년 이후로 단지 2천 5백만의 화폐만이 유통되었다고 미국 조폐국은 추정하고 있다.

캘리포니아 금광이 발견된 해인 1849년부터, 1840년에서 1915년 사이에 영국의 황금 가격이 가장 높았던 1873년까지의 영국과 미국의 황금가격을 비교해보면, 두 나라의 가격상승은 거의 똑같이 83퍼센트에 이른다는 것을 알 수 있다. 하지만 1864년부터 1872년 사이, 미국의 황금 가격은 영국의 황금가격보다 상대적으로 더 높고, 1865년부터 1867년 사이에는 그 차이

가 훨씬 심하다는 것을 알 수 있다. 이러한 사실은 대개 상품의 부족 때문에 일어난 것으로 보아야 한다. 전쟁으로 인해 노동과 물자가 분산되었고, 특수한 수요나 파괴가 있었기 때문에 나타난 현상이다.

미국 남북전쟁 시기 물가의 엄청난 상승은, 3-2 그래프에서 '화폐'를 나타내는 점선으로 확인할 수 있다. 이것은 부분적으로 통화의 양이 증가했기 때문이었다. 그리고 부분적으로 정부의 어음상환 능력에 대한 불신 때문이기도 했다. 미국 남북전쟁 당시 발행된 지폐는 즉시 금으로 상환 가능한 것이었다. 하지만 그만한 양의 지폐가 발행되었다는 것은 분명 엄청난 물가상승이 있었음을 의미한다. 이처럼 물가의 상승은 불가피한 것이었다. 하지만 이것 이외에도, 당시 미국 정부의 상대적으로 불안정한 위치가 어음의 가치를 낮추었기 때문에, 추가적인 물가상승이 일어날 수밖에 없었다.

미국 정부의 신용에 대한 이와 같은 불신요소는 제1차 세계대전 시기에는 존재하지 않았다. 그러므로 1914년부터 1918년 사이 미국의 물가상승은 거의 모두 전쟁수요 때문이라고 볼 수 있다. 이것은 현금 및 신용화폐의 팽창과 황금 축적량의 증가를 통해 고스란히 물가에 반영되었다.

1918년의 전쟁 물가는 1865년의 '통화가격'과 본질적으로 같은 수준이다. 하지만 이 높은 물가수준이 1866년 이후처럼 빠르게 떨어질 것이라고 예측하기란 어렵다. 두 시기 사이에는 두 가지 중요한 차이점이 있기 때문이다.

1 | 1865년의 통화가격은 '평가절하' 된 화폐로 측정된 것이다. (금과 비교했을 때 평가절하 되었다는 의미이다.) 반면에 1918년의 상황은 그렇지 않다. 당시 황금의 수입과 연방 준비 은행권의 발행으로 인해 미국의 통화는 엄청나게 늘어났다. 미국의 뛰어난 은행 신용장도 어마어마하게 확장되었다. 하지만 황금과 비교한 미국 화폐의 평가절하는 전혀 해당사항이 없었다.

2 | 1865년 미국의 물가수준은 통화에 나타난 대로, 세계 다른 나라의 물가수준을 훨씬 웃돌고 있었다.

앞서 살펴보았듯이, 미국의 황금 가격조차 영국의 황금 가격에 비해 상대적으로 높았다. 하지만 1918년 미국의 물가는 유럽의 물가보다 상대적으로 '낮았다.' 1918년의 영국 물가는 1914년 물가보다 대략 130퍼센트 높았지만, 미국의 1918년 물가는 1914년에 비해 약 88퍼센트만 상승했을 뿐이었다.

미국 남북전쟁 이후에, 미국의 물가는 전쟁 이전 수준으로 회복되었다. 하지만 앞서 밝혔던 이유들로 인해, 현대 전쟁 이후에는 이와 같은 물가회복이 발생할 가능성이 많지 않다. 세상은 황금 공급을 통해 더 많은 양의 통화와 신용화폐를 안전하게 지탱하는 방법을 배웠다. 따라서 한 번 발생한 변화는 어느 정도까지 영구적으로 유지된다. 그러므로 높은 물가수준은 지속될 가능성이 많다. 비록 전시와 같이 극단적인 수준은 아니라고 해도 말이다.

물가와 수출무역 |

2장에서 다루었던 영국 물가 그래프를 미국 물가 그래프와 비교해보면, 두 그래프 사이에 상당히 밀접한 대응관계가 있음을 발견할 수 있다. 그리고 시간이 지남에 따라 이러한 관계는 더욱 긴밀해진다.

이것은 꼭 동일한 원리가 두 그래프에 모두 적용되고 있기 때문만은 아니다. 이는 시간이 흐름에 따라 미국과 유럽 사이의 의사소통이 더욱 빠르고 값싸게 진행되고, 결과적으로 더 쉽게 화폐의 교환이 가능해졌기 때문이기도 하다.

미국의 물가수준이 다른 나라의 물가수준보다 높아질 때마다, 미국 시장은 상품을 판매하기에는 좋지만 구매하기에는 좋지 않은 시장이 된다. 따라서 수입은 증가하고 수출은 감소할 수밖에 없다. 미국의 물가수준이 상대적으로 낮아지면, 상황은 반대가 된다. 하지만 수출의 증가는 곧 그 값에 해당하는 금 유입량의 증가로 이어진다. 그리고 이렇게 유입된 금이 미국 통화량에 더해지면, 이는 물가수준을 높이게 된다. 같은 방식으로, 수입이 증가하면 받아들이는 물건의 대가로 미국은 금을 해외에 지불하게 된다. 이는 미국 현금이나 신용화폐 내에 금의 양을 감소시키고, 물가수준을 떨어뜨린다. 물가의 하락은 외국인들이 그들의 상품을 미국으로 보내는 것이 그다지 이익이 되지 않는 정도까지 계속된다. 이렇게 되면 수입은 다시 감소한다.

이런 식으로 상품의 수출과 수입은 지속적으로 물가수준을 다른 나라와 비슷한 정도로 조절하는 경향이 있다. 상업의 세계에서 물가는 상품과 황금의 교환을 통한 국제적 조절의 문제인 것이다.

그러나 수출 물가수준과 수입 물가수준 사이에는 차이가 있다. 외국인들은 미국의 물가가 자신들의 물가보다 충분히 높아서, 상품을 미국에 들여놓는 데 드는 비용을 상쇄할 수 있을 정도가 되기 전까지는 미국에 물건을 팔지 않는다. 미국 역시 국내 물가가 외국 물가보다 충분히 낮아서, 배송비용을 감당할 수 있을 정도가 아니라면 외국에 물건을 팔지 않는다. 이 두 종류의 물가 사이에는 언제나 차이가 있을 수밖에 없다. 그 차이란 교통비, 세금 그리고 외국 환율에 따라 달라질 수 있다.

미국과 외국 물가사이의 관계에 대한 문제, 그리고 미국의 수출에 미치는 영향, 그리고 수출을 통해 그것이 미국의 국내 경제에 미치는 영향은 마찬가지로 흥미로운 주제이다. 매년 미국의 '수출수지'는 이와 같은 물가관계뿐만 아니라 '주요 무역 주기'의 진행 상

황을 분명하게 반영한다. '무역 대주기'란 기업 활동이 크게 성장과 수축 사이를 오고 가는 것을 말한다. 이는 약 20년을 주기로 반복되는데, 이것은 1837년 이후 미국 무역에서 눈에 띄는 특징 중 하나이다.

이번 장에서 함께 제공하고 있는 그래프(3-1 그래프 참조)는 전체 국제무역에 대한 미국 수출수지의 연간 비율을 보여준다. 그리고 미국 물가에 대한 영국 물가비율을 함께 제시하고 있다. 이를 통해 이들의 관계를 빠르게 눈에 익힐 수 있을 것이다.

> (3-1 그래프 참조) 수출수지는 달러보다도 이와 같은 형태로 자주 표현된다. 미국 무역의 급속한 성장으로 인한 변화를 제거함으로써, 전 시기에 걸쳐 연 단위로 비교할 수 있는 그래프를 제공할 수 있기 때문이다. 미국 물가에 대한 영국 물가의 비율을 나타내는 선에 대해서는 범위가 제공되지 않고 있다. 왜냐하면 이 그래프는 단지 두 물가 사이의 관계를 나타낼 뿐이고, 수치 자체는 중요하지 않기 때문이다. 이 선은 영국지수를 미국지수로 나누어서 얻어낸 값이다. 1882년부터 1894년 사이보다, 1902년에서 1914년 사이에 영국물가가 미국물가와 비교하여 더 낮은 것은, 대체로 두 나라 사이의 교통비용이 크게 감소했기 때문이다.

예상했겠지만, 가장 큰 규모의 수출은 보통 영국 물가가 미국 물가보다 상대적으로 높은 시기에 일어난다. 대부분의 경우, 미국의 수출은 거의 농업생산물로 이루어져있다. 따라서 가격뿐만 아니라 수확품질에 의해서도 수출량이 결정된다. 이 사실만 아니었어도, 물가와 수출량의 대응관계는 훨씬 명확했을 것이다.

미국 비즈니스의 역사에 익숙한 사람이라면 이 그래프를 보는 순간 즉시 알아차렸을 것이다. 미국 수출 무역이 고점을 찍을 때마다 엄청난 번영이 뒤따랐다는 사실을 말이다. 반대로 수출이 감소한 경우는, 대체로 일반적인 비즈니스가 상대적으로 빈약했던 시기였다. 수출수지가 수입수지보다 클 때, 미국 거래 전체에 활기를 돋우는 효과가 나타난다. 그 이유는 수출수지가 높을 때 해외로부터 금이 유입되기 때문이다. 미국은 주로 금을 은행 지급준비금으로 활용한다. 신용화폐는 공식적으로 금 확보량의 5배까지 늘어날 수 있다. 새로운 연방은행법 하에서는 그보다 훨씬 더 큰 비율까지도 가능하다. 풍부한 신용화폐는 거래에 활기를 불어넣는다. 이것이 금 유입의 명백한 효과인 셈이다.

1877년까지 미국은 정기적으로 수출하는 것보다 더 많은 상품을 수입했고, 그 대가로 금을 해외로 내보냈다. 금을 생산하는 국가였기 때문에 가능했던 일이다. 그러나 1872년에서 1878년 사이에 엄청난 변화가 일어났다. 미국의 상품 수입은 6억 5천 6백만 달러에서 4억 3천 2백만 달러로 점차 감소한 반면, 같은 시기에 수출액은 4억 6천 9백만 달러에서 7억 3천 7백만 달러로 증가한 것이다. 이러한 변화는 그래프에서 '수출수지'를 나타내는 선이 급격하게 상승하고 있는 것에서도 잘 드러난다. 이에는 엄청난 금의 유입이 뒤따랐다. 1870년에서 1875년 사이, 미국에서 평균적으로 수출되는 금의 양은 대략 3천 6백 5십만 달러였다. 그러나 1879년에서 1881년 사이, 미국에 평균적으로 수입되는 금의 양은 연간 6천 6백 7십만 달러가 되었다. 은행 지급준비금으로 들어간 이 금 덕분에, 이 시기에 급속한 비즈니스 성장이 가능했던 것이다.

1896년부터 상품 수출이 크게 증가했을 때도 비슷한 상황이 나타났다. 1915년과 이듬해에 나타난 커다란 움직임도 마찬가지다.

대주기 The Major Cycle |

또 이 그래프는 경제성장과 수축의 '대주기'가 어떻게 반복되는지를 명확하게 정의한다. 근본적인 원인이 무엇인지 깊게 파고들려고 하지 않아도, 현재의 주기에서 1916년은 앞선 두 개의 주기에서의 1898년과 1878년과 밀접하게 대응하고 있음을 알아차릴 수 있다. 세 경우 모두, 전반적으로 번성하는 사업 환경이 몇 년 동안 지속되었다.

뿐만 아니라, 지난 몇 년 간 발생한 채무에 대하여 유럽으로부터 들어올 이자와 원금에 해당하는 많은 예상 지불금액을 계산에서 빼먹어서는 안 된다. 문제는 이 지불이 어떻게 이루어지는가이다. 하지만 어떤 경우에건, 이 지불은 분명히 미국의 국내 수입을 전쟁 전과 비교하여 증가시켜 줄 것이다.

밀과 목화 가격을 보여주는 그래프(3-3 그래프 참조)는 모든 상품가격의 평균을 보여주는 그래프에 비해 일반적 원리를 보여주기에는 부적합하다. 특정 해에 밀의 가격이 비정상적으로 높은 데는 두 가지 중요한 요소가 있다. 그것은 전쟁과 곡물 부족이다. 이것의 결과는 그래프가 명백하게 보여준다. 이와 같은 관계가 성립되는 원인은, 일반적인 물가의 변화와 관련해 앞서 언급했던 것을 기억한다면 자명한 것이다.

미국 남북전쟁 시기 목화의 기근 가격은 남쪽 항구

가 막혔기 때문에 일어난 현상이다. 당시에는 실질적으로 세계 다른 곳 어디에서도 목화가 재배되지 않았다. 목화는 저장이 쉽고, 다음 해로 이월될 수 있기 때문에, 목화에 투기하는 것이 가격에 영향을 미쳤다는 주장이 최근 이목을 끌고 있다. 생산자들은 목화를 저장해두거나, 목화재배에 쓰이는 땅의 면적을 줄이는 등, 목화 가격을 적당한 수준으로 유지하기 위해 큰 노력을 기울였다. 하지만 제1차 세계대전 당시에는 고정된 목화가격을 적용하는 것은 불가능했다. 따라서 당시의 목화가격은 투기욕구와 예외적인 수요를 십분 반영한 것이다.

*A
Century of
Prices*

A Century of Prices

| 제4장 |

이자수익률과
금리 변화의 원인

채권 수익률—이 그래프는 베이슨 통계 기구Bason Statistical Organization에서 제공한 수치를 기반으로 작성한 것이다. 이 자료에 포함된 채권은 시기에 따라 다를 수밖에 없다. 하지만 전체적인 결과는 미국 내 기업 채권의 가격을 제법 정확하게 반영하고 있다. 평균 채권 가격보다는 채권의 수익률을 보여주는 것이 중요한데, 채권 가격은 다양한 만기일의 영향을 받기 때문이다.

[4-1 그래프_미국 기업 채권 수익률]

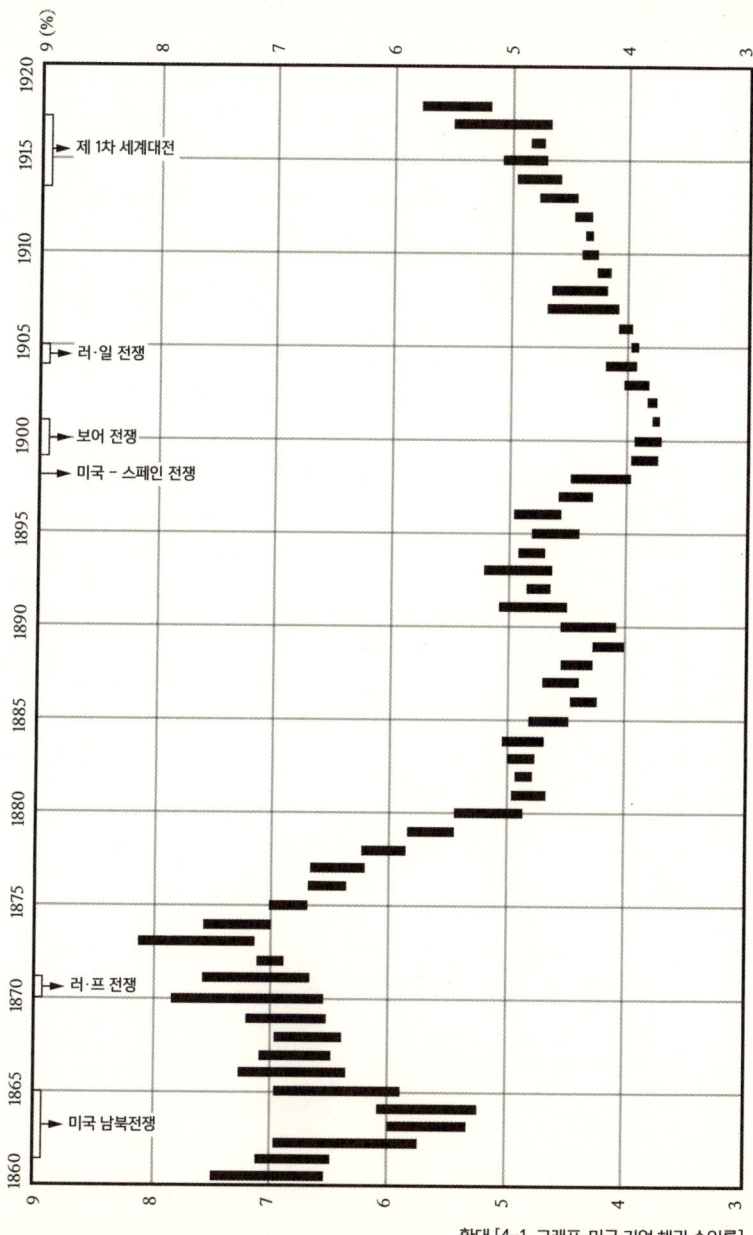

확대 [4-1 그래프_미국 기업 채권 수익률]

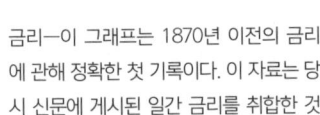

금리—이 그래프는 1870년 이전의 금리에 관해 정확한 첫 기록이다. 이 자료는 당시 신문에 게시된 일간 금리를 취합한 것으로, 이것을 연구하는 데는 상당한 노력이 필요했다. 3개월에서 6개월짜리의 주요 기업어음이 단기차입금이나 정기대부금보다 실제 상황을 더 잘 반영하는 것으로 선택되었다. 그리고 기업어음은 더 빨리 인용할 수 있다는 추가적인 이점도 가지고 있다. 1837년의 공황 이전까지 그래프를 연장하려는 시도를 해보았으나, 1841년 이전 시기에 대한 적당한 기록을 찾을 수 없었다. 1830년대 후반에는, 어떠한 금리를 지불하더라도 돈을 구할 수 없었던 시기가 있었다. 1873년 이전에 있었던 자본의 명백한 부족과 높은 금리는 미국 금융 역사 속에서 흥미로운 점을 보여준다.

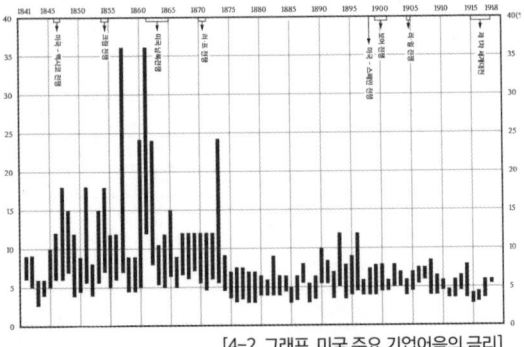

[4-2 그래프_미국 주요 기업어음의 금리]

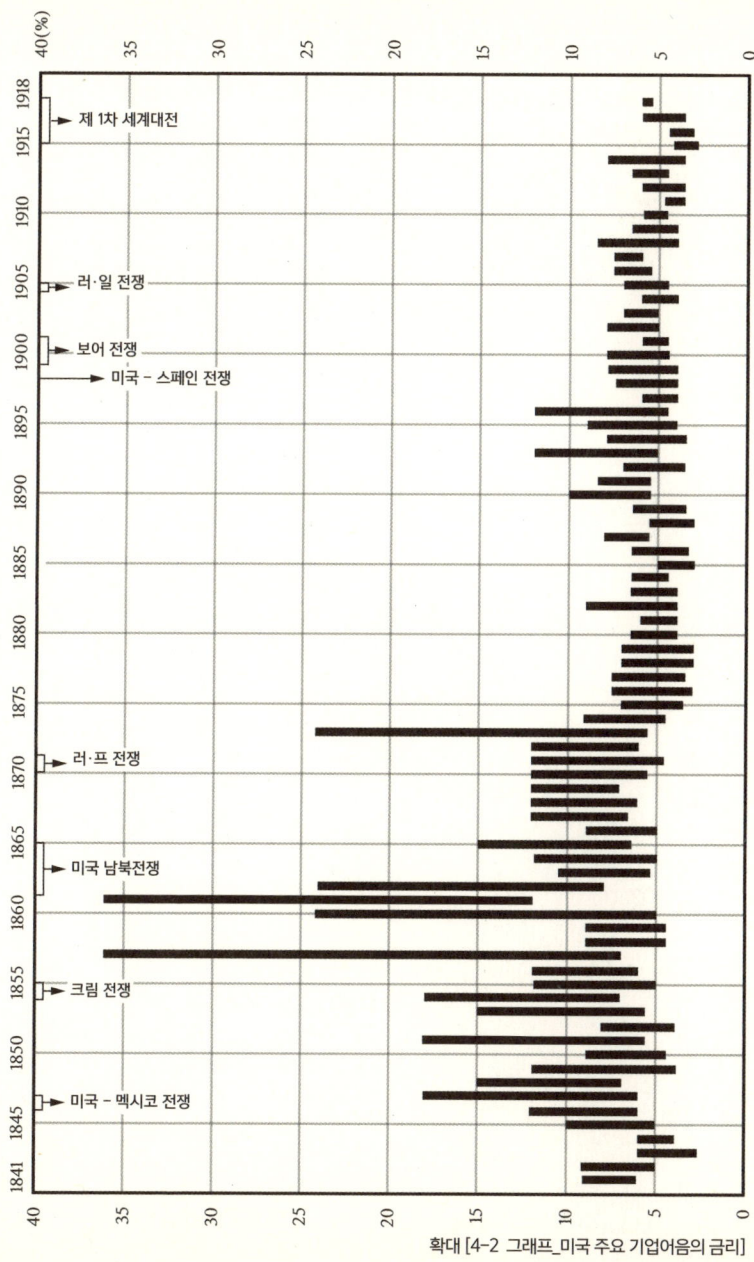

확대 [4-2 그래프_미국 주요 기업어음의 금리]

제4장

이자수익률과 금리 변화의 원인

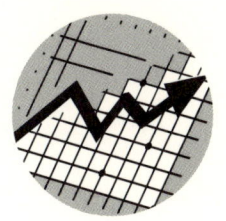

 채권이나 차관으로부터 얻을 수 있는 투자 수익률은 자본의 수요와 공급에 따라 달라질 수밖에 없다. 이는 명백한 사실이다. 그러므로 채권 수익률과 금리를 나타내는 그래프에 드러나는 변화를 고려할 때는, 당시 자본에 영향을 미치는 환경을 반드시 살펴보아야 한다.

 한 주식 거래소 직원은 다음과 같이 불평했다. "사람들이 나에게 현금과 자본에 대해 이야기할 때면 나는 머리가 아프다." 그러한 두통을 피하려면, 자본이 무엇인지 속속들이 이해할 필요가 있다. 이것은 오랜 경력의 은행원들도 종종 어려워하는 문제이다.

기초적인 것부터 시작하자면, 모든 자본은 노동의 산물이다. 자본은 노동 생산물이 즉각적인 소비에 사용되는 대신에 저축되고 따로 분리되어, 이후의 생산을 위해 저장된 것을 의미한다.

예를 들어, 농부는 그 해의 수익을 피아노를 사는 데 사용할 수 있다. 이때, 피아노가 농장의 전체 생산량을 늘려준다는 것을 입증하지 않는 이상 피아노는 자본이 아니다. 이 농부는 그 수익으로 트랙터를 구매할 수도 있다. 이 트랙터는 자본이 될 수 있는데, 왜냐하면 이것이 농장의 생산량을 늘려줄 것이기 때문이다. 그리고 만약 그가 그 해 수익을 이웃에게 빌려주거나, 은행에 넣어 놓거나, 채권에 투자한다면, 그는 이자를 받을 자격을 얻게 된다. 왜냐하면 이런 경우 그 농부는 피아노와 트랙터를 포기하는 셈이기 때문이다.

자본 공급의 요소 |

활용 가능한 자본의 공급은 항상 다음과 같은 사항에 따라 달라진다.

1 | 사용된 노동의 총량. 자본을 축적하기 위해서는

국가가 부지런해야 한다. 나태하고 의욕 없는 국민은 겨우 그들의 생활비 정도나 벌 수 있을 뿐, 잉여자본금을 축적할 수는 없다.

2 | 노동의 효율성. 이것은 사용된 노동력과 생산량을 비교해 봄으로써 알 수 있다. 이는 주로 기계의 사용범위에 따라 달라지지만, 노동자들의 에너지나 충성도에 따라서도 달라질 수 있다.

3 | 노동 생산품으로 하는 일. 예를 들어 다음과 같은 경우가 있을 수 있다.

a | 음식, 옷, 사치품, 유흥 여행 등 당장의 소비를 위해 사용되는 경우.
b | 도구, 장비, 환경의 개선 등과 같은 곳에 투자되어, 생산량의 증가라는 형태로 즉각적인 보상을 가져다주는 경우.
c | 조금 더 장기적인 성격의 환경개선에 투입되는 경우. 이는 궁극적으로는 공적이거나 사적인 이익을 가져오겠지만, 생산량의 증가라는 형태로 초기의 수익을 가져다주지는 않는다.

지금까지 언급한 세 가지 고려사항 중에서, 마지막 사항은 또 하나의 중요한 문제를 환기시킨다. 그것은 다양한 방식으로 사용되는 자본이 순환하는 속도이다. 보통 적은 자본은 계속해서 하나의 형태로만 사용될 가능성이 높다. 생산량이 증가하는 동안 트랙터는 낡아간다. 즉, 트랙터의 가치는 점진적으로 생산물에 전이되는 것이다. 따라서 트랙터에 투자된 자본은 '순환하는' 셈이 된다. 공장의 가치는 떨어진다. 철도의 선로와, 이음목과, 노면은 신품으로 계속 교체되어야 한다. 기차역은 빈번하게 보수되어야 하고, 완전히 낡게 되면 다시 지어져야 한다.

역사상 가장 영구적인 자본의 투자라고 여겨지는 로마시대의 구름다리조차도, 결국은 파손되고 말았다. 수에즈 운하나 뉴욕 급수시설에 처음으로 들인 자본은 영원히 고정된 것이라고 말할 수 있을지도 모른다. 하지만 그 시설을 유지하고 보강하기 위해서는 추가적인 투자가 계속해서 필요하다.

따라서 특정한 자본의 사용이 일반적인 자본의 공급을 얼마나 줄이는가하는 문제는 사용되는 자본의 양

뿐만 아니라 '얼마나 오랫동안 그것이 사용되는지'에 달려있다. 농장의 트랙터는 농부의 생산량을 증가시킴으로써 매년 그 가치를 재창출한다. 반면, 헛간을 새로 짓는 것은 더 나아진 시설을 통해 생산량을 증가시키겠지만, 제값을 해내기 위해서는 적어도 20년이 지나야 할 것이다. 트랙터와 헛간의 최초 금액이 동일했다고 하더라도, 헛간은 궁극적으로 트랙터보다 20배 많은 자본을 필요로 하는 것이다.

자본은 그것이 순환하는 속도에 따라서 다음과 같이 분류될 수 있다.

1 | 상품의 형태로서의 자본. 이러한 상품은 사치품일 경우도 있다. 그러나 대부분의 경우, 이들은 앞으로의 생산에 기여하기 때문에 자본이라고 여겨진다. 이러한 형태의 자본은 빠르게 순환한다.

2 | 기계나 장비, 또는 즉시 생산이 가능한 기업체에 투자하는 것. 이러한 자본은 상품보다는 느리게 순환하지만, 아래에서 언급하게 될 형태보다는 빠르게 순환하는 것이 규칙이다.

3 | 상당한 기간이 지나고 나서야 궁극적으로 이윤을 창출하는 기업체에 투자한 자본.

4 | 법원, 학교, 놀이터, 목욕탕처럼 공익을 위한 지출. 이것은 간접적으로 사람들의 미래의 생산력에 기여한다.

5 | 실패한 기업에 투자하거나, 전쟁에 지출하는 금액. 이러한 형태의 자본은 순환하지 않는다. 그러나 간혹 이 자본의 일부가 구제되는 경우도 있기는 하다.

이 다섯 가지 중 어떤 경우에라도, 사용된 자본의 양이 증가하면 시장에서 통용되는 자본의 공급은 필연적으로 줄어든다. 이는 채권자에게 더 높은 이자 수익률을 가져온다. 자본이 상대적으로 고정된 형태로 움직일 때, 그리고 그 순환이 느릴 때, 이것은 훨씬 더 강렬하고 영구적인 효과를 지닌다. 반대로 자본이 빠르게 순환되는 경우에는 이와 같은 효과가 상대적으로 적을 수 있다.

그러므로 '고정된' 자본과 '순환하는' 자본을 구분

주택

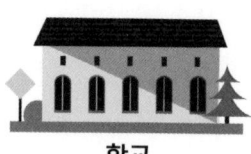
학교

병원

은행

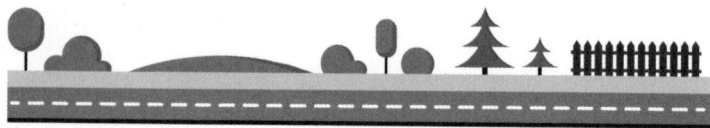
도로

하는 문제가 중요하다.

채권 수익의 증가와 감소 |

2장에서 영국 물가와 공채 수익률 간의 관계를 논하면서, 둘 사이에 밀접한 상응관계가 있다는 것을 발견한 바 있다. 미국 기업 채권 수익률 그래프를(4-1 그래프 참조) 3장에서 살펴본 미국 물가 그래프(3-2 그래프 참조)와 비교해 보자. 전반적으로 똑같은 상응관계가 있다는 것을 알 수 있을 것이다.

자본의 본질에 대한 기억을 되살렸으면, 이제는 좀 더 정확하게 이 상응관계의 원인을 밝혀야 할 것이다. 물가가 높아질 때 채권 수익이 함께 상승하는 현상에 대한 표면적인 이유는 다음과 같다. 현금 수입은 그대로지만 자신의 '실제' 수입이 줄어든다는 것을 발견한 투자자는 더 높은 이자율을 요구하게 된다. 하지만 자본의 공급이 수요보다 적다면 높은 이윤에 대한 그의 요구는 받아들여지지 못할 것이다. 높은 물가가 자본의 수요를 크게 증가시키는 이유는, '물가는 앞서 나열했던 다섯 종류에 해당하는 자본의 투자비용을 거의 비례적으로 높여주기 때문이다.'

상품의 형태로 존재하는 자본은 국가 총자본의 아주 작은 부분만을 차지한다. 그리고 이것은 빠르게 순환한다. 그러므로 물가는 자본의 수요 증가에 많은 영향을 미치지 않는다. 하지만 투자되는 자본은 (앞서 설명했듯이 이것은 유가증권의 형태를 통해서 이루어진다.) 처음에는 재료나 노동, 즉 물건이나 임금에 소비된다. 약간 뒤처지기는 하지만, 보통의 경우 재료나 노동에 드는 비용은 대체로 물가의 변화를 따르게 된다.

예를 들어, 만약 물가 수준이 50퍼센트 증가한다면, 새로 법원을 짓거나, 철도, 광산, 지하철 시스템을 짓는 가격도 거의 50퍼센트 상승한다. 결국 상대적으로 고정된 형태에 투자하는 자본의 양은, 물가와 거의 비례하여 증가하게 되는 것이다. 이처럼 고정된 형태의 투자비용이 상승함에 따라, 투자자본의 공급량은 줄어들게 된다. 따라서 자본의 가격은 올라가게 된다. 이러한 현상은 평균 채권 수익률에서 가장 잘 드러나고 있다.

물가가 하락하는 시기에는, 당연히 상황은 정반대가 된다. 따라서 채권 수익률은 물가를 따라 낮아지는 경향이 있다.

고정된 형태로의 자본 전환 |

 자본의 수요와 공급에 영향을 미치는 또 한 가지 중요한 요소는, 자본이 고정된 형태로 전환되는 '상대적인 범위'이다. 특히 주목해야 할 부분은 다소 동떨어진 공익을 위한 지출이다. 또 실패한 기업에 대한 투자나, 전쟁에 사용되는 비용에 대해서도 살펴보아야 한다.

 파나마 운하, 뉴욕 주의 소운하, 뉴욕 시의 지하철 시스템은 많은 양의 자본을 흡수하였지만, 아주 경미한 양의 즉각적 수익이 기대되는 작업이다. 다양한 환경 개선을 위한 시나 정부의 지출은 최근 급속하게 증가했다. 장기적 관점에서 그러한 투자가 얼마나 바람직하건 간에, 이들에게 기대되는 즉각적인 현금 보상은 대체로 아주 적다.

 여기에 더하여, 전쟁 시 발생하는 전 세계의 엄청난 자본 고갈도 생각해 볼 수 있다.

 뿐만 아니라, 사람들의 저축성향이 지난 20년간 늘어난 것인지, 아니면 수입에서 저축하는 비율이 20세기 초보다 높아진 것인지도 살펴보아야 한다. 만약 그렇다면, 이것은 자본의 공급을 원천적으로 줄이는 원인이 될 것이다.

다음과 같은 다양한 원인이 동시에 작용한다. (현금의 측면에서 본다면) 물가의 상승은 수익을 증가시킨다. 이것은 일반 대중들이 지출에 관대해지는 결과를 가져온다. 이에 따라, 값비싼 환경개선이 보다 적극적으로 이루어지게 되고, 저축은 감소하고 생활비 지출이 증가하게 된다. 사람들은 다소 의심스러운 투기나 허위 주식에도 더 쉽게 투자하게 된다. 전시에도 역시 자본의 막대한 지출은 물가의 급격한 상승과 동시에 발생한다.

1870년대에서 1900년에 이르는 시기에, 채권 수익률이 크게 감소했다. 이는 부분적으로는 1800년대 후반에 들어서 기업 채권의 입지가 전반적으로 더 나아졌으며, 더 많은 보호를 받게 되었기 때문이다. 한편으로는 기계와 교통의 발달로 인해 상품 생산이 크게 증가한 것도 원인이 된다. 노동이 더 많은 물건을 생산할 수 있을 때, 자본을 축적하는 것은 당연히 더 쉬워지기 때문이다.

금리 I

금리와 채권 수익률은 서로에게 영향을 미친다. 둘 다 자본의 활용에서 오는 수입을 대표하는 것이기 때문이다. 하지만 '금리'라는 용어는 단기 대출에만 적용되는 것이기 때문에, 금리의 변화는 주로 일시적인 조건에 의해 결정된다. 반면에 채권 수익률의 변화는 대체로 보다 영구적인 성격의 조건에 따라 달라진다.

4-1과 4-2 두 그래프를 비교해 보면, 금리의 급격한 변화를 채권 수익률의 '사소한 변화'가 반영하고 있음을 알 수 있다. 하지만 금리는 채권 시장의 커다란 움직임과는 별로 관계가 없다.

단기차입금이나, 30일에서 60일 사이를 기한으로 하는 대출의 금리는 과거에는 일시적 조건에 의해 매우 빠르게 요동쳤다. 그러므로 이들은 오랜 기간에 걸쳐 비교해 볼 만한 가치가 별로 없다. 따라서 기업어음이야말로 일반적인 금융조건을 알아보기에 폭넓고 훌륭한 지수가 될 수 있다.

비정상적으로 높은 금리나 사소하고 일시적인 채권

수익률의 상승은 일반적으로 지나치게 확장된 은행대출의 결과이다. 즉, 신용화폐의 축적량이 줄어든 것이다. 신용화폐의 부족은 채무자들이 자금을 빌릴 때 더 높은 가격을 지불해야 한다는 것을 의미한다. 따라서 금리는 인상할 수밖에 없다. 그리고 만약 채권보다 단기대출의 이자율이 더 높다면, 자본은 일시적으로 채권시장에서 멀어지게 된다. 그리고 채권 소유주는 채권을 기업어음이나 정기대부로 바꾸려는 유혹에 빠지게 된다. 결과적으로 채권 가격은 떨어지게 되고 수익률은 상승하게 되는 것이다.

이와 같은 은행대출의 지나친 확장은 비즈니스 사이클에 대한 지나친 낙관주의 때문일 수도 있다. 이것은 기업가가 지나치게 넓게, 그리고 지나치게 빠른 속도로 지점을 확장하는 결과로 이어진다. 결과적으로 기업가는 사용 가능한 신용화폐를 지나친 비율로 소진하게 된다. 은행대출의 확장은 또한, 미래에 대한 공황상태를 확산시키는 어떤 사건 때문에 일어나는 현상일 수도 있다. 이렇게 되면 사람들은 대출금을 회수하거나 신용화폐의 사용을 줄여야겠다는 일반적인 생각을 하게 된다. 첫 번째 현상은 오래지 않아 두 번째 현상을 촉진시킨다. 그렇다고 해서 두 번째 현상이 항상 첫 번째 현상을 암시하는 것은 아니다.

따라서 1857년, 1873년, 1893년과 1907년에, 높은 금리의 주된 이유는 지나친 대출 확장이라고 보아야 한다. 하지만 1861년에는 미국 남북전쟁의 발발로 인해 공황이 발생했다. 1890년에는 베어링 은행의 도산으로 인해, 1896년에는 금본위제의 위기로 인해, 1914년에는 제1차 세계대전의 발발로 인해 공황상태가 유발되었다. 하지만 이들 중 어떤 경우도 은행대출이 각별히 확대된 경우는 찾을 수 없었다.

1874년 이전의 높은 금리는 당시 신용화폐와 유동자본의 부족을 아주 흥미로운 방식으로 보여준다. 그 높은 수치는 보통 가을에 달성되었는데, 그 시기는 곡식이 운반되는 시기였다. 평균 10퍼센트의 금리를 지불해야 하는 시기의 비즈니스 조건은, 평균 금리가 5퍼센트일 때의 비즈니스 조건과는 완전히 다르다. 미국 남북전쟁 시기와 그 이전에는, 어떤 회사이건 사업을 유지하기 위해서는 큰 이윤을 창출해야만 했다. 그리고 계속해서 큰 폭으로 변화하는 금리는 지금은 다행히도 존재하지 않는 불확실성이라는 요소를 만들어 냈다.

 1857년, 1861년, 1873년과 같은 공황의 시대에 나타나는 극단적으로 높은 금리가 의미하는 바는 단순하다. 이는 그 공황의 시기에 현금조달이 사실상 불가능했음을 나타낸다. 도산하는 경우가 너무 많았기 때문에 최고급 수준의 우량 복명 기업어음조차 의심의 대상이 되었다. 그러나 그 의심이 높은 금리의 주된 이유는 아니었다. 진짜 이유는 대출 가능한 기금의 절대적인 부족 때문이었다.

 오늘날 우리는 1857년의 공황상태에 대한 개념이 거의 없다. 당시의 신문에 따르면, 단기대출의 금리가 하루에 2.5퍼센트였다고 한다. 주요 은행들과 오래되고 보수적인 사업체들이 볼링핀처럼 여기저기서 도산했다. 4개월에서 6개월 정도 주요 기업어음 대출을 받으려면, 월 금리를 3퍼센트 내야 했다. 그 돈을 다른 곳에 투자하려는 기색이 보이면 그보다 더 높은 금리를 내야 하는 것은 말할 필요도 없었다. 한 시장보고서는 자금시장이 '무정부상태'에 있다고 보도했다. 볼티모어에서 금은 8퍼센트의 할증료를 요구했다. 그리고 지금 우리가 알고 있는 것보다 훨씬 심각한 수준으로 일반 기업체들이 와해되었다.

 현재 사용되고 있는 향상된 은행 거래방식 하에서라면, 금리는 지난 몇 년 보다도 훨씬 더 안정적일 것이다. 전시에 기업어음의 금리는 6퍼센트 이하로 성공적으로 안정화되었다. 은행대출이 급격하게 확장되는 시기에는 금리가 그 이상으로 올라갈 가능성이 있긴 하지만, 정기대부금이나 기업어음에 대한 극도로 높은 금리는 더 이상 시장에 반복적으로 나타나지는 않을 것이다.

A Century of Prices

A Century of Prices

제5장
주식 가격의 원리
G. C. 셀든 지음

주식 가격—1860년부터 1900년까지 평균 주식 가격으로 사용된 값은 헨리 홀Henry Hall이 집계한 철도주 20주의 가격이었다. 1900년부터 1912년까지는, 금융정보회사인 다우존스Dow-Jones가 집계한 철도주 20주의 가격이 사용되었다. 다우존스의 평균값은 1900년에 헨리 홀의 평균값과 동일했다. 최근 들어, 철도주는 시장의 일반적인 현황을 적절하게 나타내지 못하게 되었다. 따라서 이 그래프에서는 뉴욕 타임즈New York Times에서 집계한 철도주 25주와 산업주 25주의 가격을 결합하여 보여주고 있다. 그러다보니 불가피하게 그래프의 범위를 조정해야 했다. 이 값은 다양한 시기의 평균값을 보여주기에 가장 좋은 자료라고 생각한다. 그러나 알아두어야 할 것은, 1912년에서 1918년 값의 범위를 줄이다보니, 그래프의 다른 부분과 비교하여 이 시기의 가격 변동폭이 다소 좁아지는 결과가 나타났다.

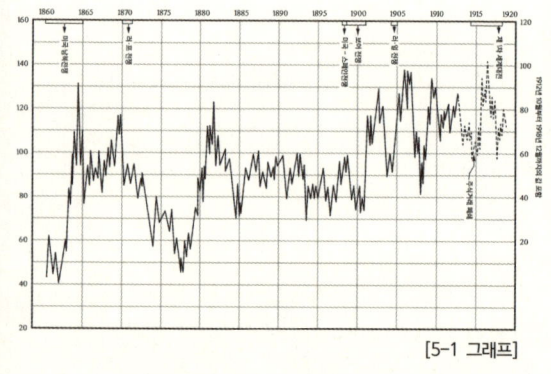

[5-1 그래프]

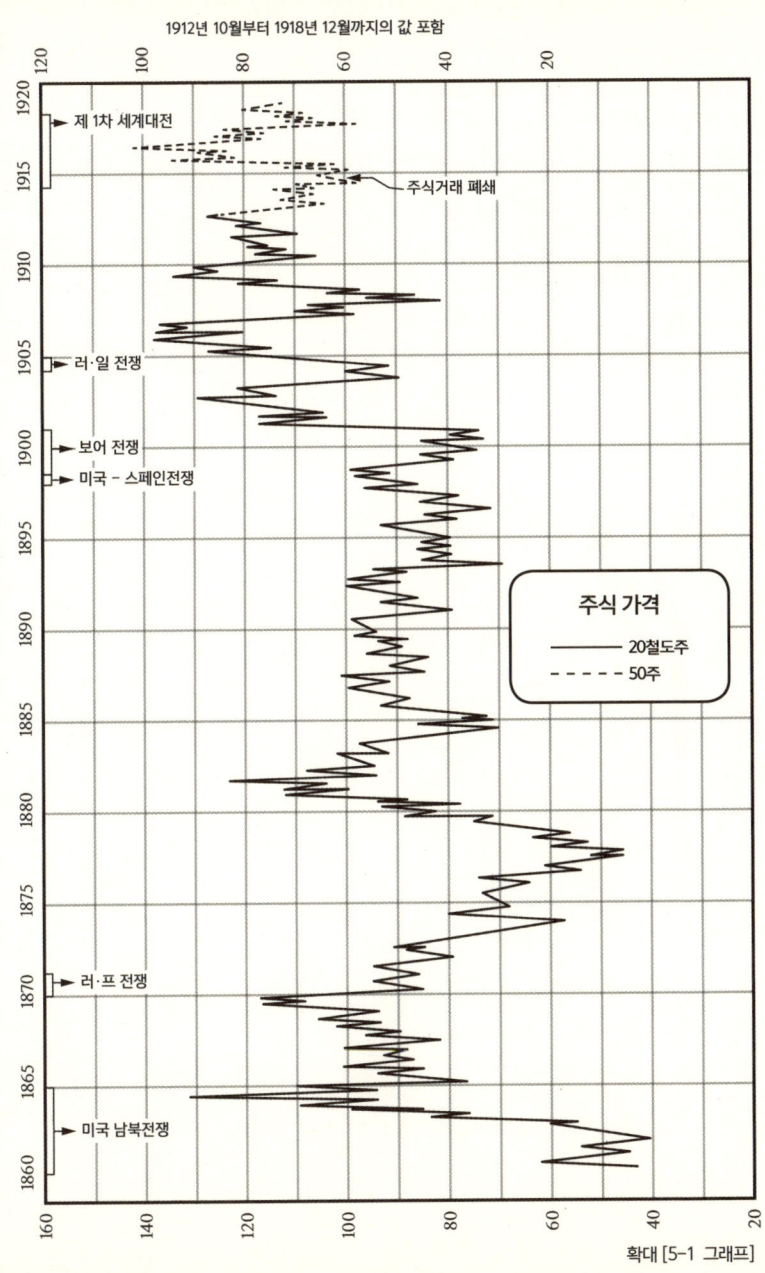

확대 [5-1 그래프]

제5장

주식 가격의 원리

G. C. 셸든 지음

1860년 이후의 주가를 나타내는 그래프를 처음 보면, 법칙이 없이 불규칙한 것처럼 보인다. 하지만 조금 더 자세히 살펴보면, 이것은 지금껏 논했던 그래프 중 가장 흥미로운 것 중 하나임이 드러난다.

먼저, 앞장에서 살펴본 다른 주요한 요소들과 주가 사이의 상관관계는 무엇인가?

(제3장의) 물가와 비교해보면, 채권 수익률과 물가 사이에 존재했던 일반적 상관관계가 주식과 물가 사이에는 존재하지 않는다는 것을 즉각적으로 알 수 있다.

하지만, 그럼에도 불구하고 물가의 급격한 상승은,

수요에 따라 제품 가격을 마음껏 높일 수 있는 회사의 주가 상승을 가져온다.

철도나 공공시설 같은 것은 이러한 제품에 포함되지 않는다. 왜냐하면 공공재를 만드는 회사들은 금리우대를 받지만, 물가의 상승이 운영비용의 상승을 무마할 수 있을 만큼 충분했던 적이 없기 때문이다.

물가상승은 산업에 이익을 준다 |

산업 주식을 가진 사람은, 물가가 상승하면서 발생하는 일반적 인플레이션 효과로 이익을 얻는다. 뿐만 아니라, 이들은 '채권자들의 희생으로' 훨씬 더 커다란 이익을 얻을 수도 있다.

예를 들어, 산업회사가 30만 달러의 자본을 가지고 있고, 그 중 10만 달러가 이자율이 6퍼센트인 채권으로 이루어져있다고 생각해보자. 즉, 이들에게는 매년 6,000달러의 이자가 발생하는 셈이다. 그리고 나머지 20만 달러는 주식의 형태로 되어 있고, 이것의 6퍼센트 즉 12,000달러를 매년 벌어들인다고 생각해보자.

그리고 이 경우에, 물가가 크게 상승한다고 가정해

보자. 이렇게 되면 이 회사의 생산가는 두 배가 될 것이 될 것이고, 마찬가지로 상품의 판매가도 두 배가 될 것이다. 달러로 계산했을 때, 이들의 수입 또한 두 배가 된다는 것은 분명한 일이다.

그러나 채권자들은 이처럼 증가한 수입을 공유하지 않는다. 그들의 보상은 6,000달러로 고정되어 있다. 하지만 유가증권에 활용할 수 있는 회사의 수익은 18,000달러에서 36,000달러로 증가한다. 따라서 3만 달러의 금액을 주식에 투자할 수 있는 셈이고, 이것은 20만 달러의 15퍼센트에 해당한다. 이것은 총수입액에서 회사의 이윤이 차지하는 비율을 변화시키지 않은 상태에서도 가능한 일이다.

이를 통해 물가가 상승하는 동안, 산업 회사들의 수익이 성장한 주된 원인 중 하나를 알 수 있다. 물가의 상승은 1898년 시작하여, 1915년에서 1918년 사이에는 우리의 경제적 삶 전체를 관장하는 현상이 되었다. 물가가 크게 상승하는 어떤 경우라도, 동일한 원리가 적용될 수 있다. 반면에 물가의 급격한 하락은 그와 비슷한 속도로 주식으로 벌 수 있는 금액을 줄이게 될 것이다.

채권 이외에도, 배당이익이 고정되어 있는 우선주를 갖고 있는 회사의 경우 보통주로부터 얻게 되는 수익은 훨씬 더 두드러진다. 가령, 물가가 낮을 때를 기준으로 회사 수익의 4분의 3이 채권과 우선주에 들어간다면, 물가가 두 배로 증가할 경우 보통주로부터의 수익은 다섯 배로 증가할 것이다.

공황은 모든 유가증권에 영향을 미친다

주가와 채권 수익률, 금리를 비교해 보면, 아주 사소한 공황이라고 하더라도 이 세 가지 모두에 영향을 미친다는 것을 발견할 수 있다. 채권과 주식가격이 떨어지면 금리는 올라간다. 단, 공황이 채권에 미치는 영향은 일시적이다. 그리고 사소한 공황의 경우, 그것이 채권에 미치는 영향은 크게 중요하지 않다.

1860년, 1865년, 1873년, 1882년, 1890년, 1893년, 1896년, 1907년, 1914년처럼 금리가 높았던 해에는, 주가가 폭락했었다. 그러나 유일하게 1882년만은 예외였다. 1882년의 높은 금리는 일반적인 경제 상황이라기보다는, 미국 재무부가 지속적으로 현금을 빨아들인 결과였기 때문이다.

반면에, 1884년과 1903년에는 주가가 상당 수준 하락했지만 기업어음의 금리에는 별다른 변화가 없었다. 이 두 해에는, 공황상태를 조성하는 상황이 사실상 월스트리트에만 제한되어 있었던 것이다. 단기차입금은 큰 영향을 받아서, 1884년(당시 몇몇 대출 금리는 하루에 5퍼센트였다고 알려져 있다.)에는 일일 금리가 3퍼센트 정도였다. 그러나 비즈니스 조건이 그리 나쁘지 않았기 때문에, 채무자들은 월스트리트의 위기가 끝날 때까지 상환일자를 늦출 수 있었다.

소주기 The Minor Cycle

주가와 관련된 일반 원칙 중 가장 흥미로운 것은, 1884년 이후로 두드러지는 규칙적인 상승과 하락이다. 이것은 '소주기'라고 불린다. 그래프를 자세히 들여다보면, (전부는 아니지만) 대부분의 경우 낮은 주식 가격은 비교적 높은 금리를 동반하고 있음을 알 수 있다. 그리고 이러한 현상은 놀라울 정도의 규칙성을 갖고, 3년 또는 4년 주기로 발생하고 있다. 이 현상이 나타나는 연도는 다음과 같다. 1884년, 1887년, 1890년, 1893년, 1896년, 1990년, 1903년, 1907년, 1910년, 1914년, 1917년.

주가가 낮은 지점들 사이사이에는, 각각 주가가 급격하게 치솟은 시기가 있다. 대부분의 경우에는, 약 2년 정도 주식 가격이 상승했다가 1년 정도 하락하는 모습을 보인다. 이것의 원인은 뒤에서 밝힐 것이다.

이처럼 규칙적인 상승과 하락은, 오랜 기간에 걸쳐 나타났다. 이는 일반적인 법칙이 존재할 가능성을 강력하게 보여준다. 이러한 가능성은 반복적인 주식가격 하락에 관한 다양한 설명들로 인해 더욱 높아진다.

1884년의 공황은 그랜트 앤 워드Grant & Ward 회사의 부도와, 마린 은행Marine Bank을 비롯한 몇몇 은행들의 잇따른 도산으로 인한 것이었다. 1887년에 발생한 주가 하락의 경우에만, 경제의 과잉팽창이나, 상업 신용대출의 지나친 확장과 같은 일반적인 원인이 적용될 수 있다. 1890년의 주가 하락은 런던에서 발생한 베어링 은행의 도산이 미국에 영향을 미친 것이라 볼 수 있다.

1893년의 공황은 당대에는 설명하기 어려운 일이었다. 나중이 되어서야 다양한 원인이 제시되었다. 그 중에 하나로, 정부가 지속적으로 많은 은화를 주조한 것과 황금의 공급이 줄어든 것이 가장 결정적인 영향을 미쳤을 것이라는 주장이 있었다. 1896년의 주가 하락은, 다가오는 선거가 은본위제도로의 전환을 가져올 것이라는 공황의 직접적인 결과였다.

1900년의 낮은 주가는 대부분 철도주에만 해당되는 이야기이다. 당시의 산업주는 오르는 물가로 인한 이윤을 기대하고 있었다. 따라서 이때의 주가의 하락은 일반적으로 지나친 투기의 결과라고 여겨진다.

1903년 주가의 하락세는 '소화되지 못한 유가증권의 공황'라는 이름이 붙었다. 이것은 산업주의 과도한 발행 때문에 일어난 현상이다.

1907년에는 '현금 공황'이 도래했고, 이것은 역시 지나친 경제팽창 때문이었다. 1910년 주가는 약간 감소했다. 이 경우는 철도의 수입이 줄어든 것과, 반독점주의를 표방하는 셔먼법Sherman anti-trust law을 통해 주요 기업을 기소하려는 정부의 의도가 주된 원인으로 지적되고 있다. 1913년의 낮은 주가는 일반적인 경제침체 때문이었다. 이는 곧 1914년 전쟁에 대한 공황으로 이어진다. 1917년 주가가 대폭 감소한 원인은, 미국이 전쟁에 참여하면서 전쟁을 목적으로 하는 자본의 수요가 크게 증가하리라는 예상이 있었기 때문이다.

지나친 경제팽창, 대출의 지나친 확장, 지나친 투기를 비롯하여 무엇이든 지나치게 하는 것은, 거의 모든 경우에 주가 하락의 원인으로 지목되어 왔다. 그렇다면 이러한 '지나침'이 소주기의 주된 원인일 가능성이 조금이라도 있지 않을까? 그리고 각 시기의 특별한 사건들이 주가하락의 폭을 크거나 작게 만드는 요소라고 생각할 수도 있지 않을까?

근본적인 원인 I

소주기의 근본적 원인은 작용 반작용의 법칙이라고 할 수 있다. 즉, 쌓아 올리는 과정과 무너지는 과정의 반복인 것이다.

가격이 낮을 때, 주식은 대부분 용기 있는 사람, 즉 무조건적인 투자자들의 손 안으로 들어간다. 이들은 공황상태 때문에 쉽게 주식을 팔지 않는 사람들이다.

주가가 상승하면, 보다 많은 주식이 이윤을 노리는 구매자들의 손으로 들어간다. 시가가 높아지면 높아질 수록, 더 많은 대중들이 시장에 참여한다. 주가의 상승만큼이나 강력하게 투기성 구매를 조장하는 것은 없다.

높은 가격에 주식을 구매하는 사람들은, 낮은 가격에 주식을 구매하는 사람들에 비해 약한 계층이다. 이들은 판단력이 약하기 때문에 변통하는 재주도 약하기 마련이다. 오랫동안 폭넓은 주가 상승이 있은 다음에야, 많은 양의 주식이 이 약한 주주들의 손에 들어가게 된다. 반면에 강한 계층의 투자자들은 주식 가격이 높아지려 할 때, 이미 자신들의 자산을 채권이나 단기증권처럼 보다 안정적인 유가증권으로 전환한다.

궁극적으로 이 약한 투기성 주주들은 그들이 원하는 모든 것을 구매하거나, 아니면 낙담하게 된다. 아니면 어떤 불행한 사건으로 인해서 열정이 식어버릴 수도 있다. 그렇게 되고나서야 그들은 서로서로에게 주식을 판매한다. 왜냐하면 이때가 되면 주가가 너무 높아서 진정한 투자자들을 끌어들이기가 어렵기 때문이다.

이러한 경우라면, 더 강력한 계층의 투자자들을 끌

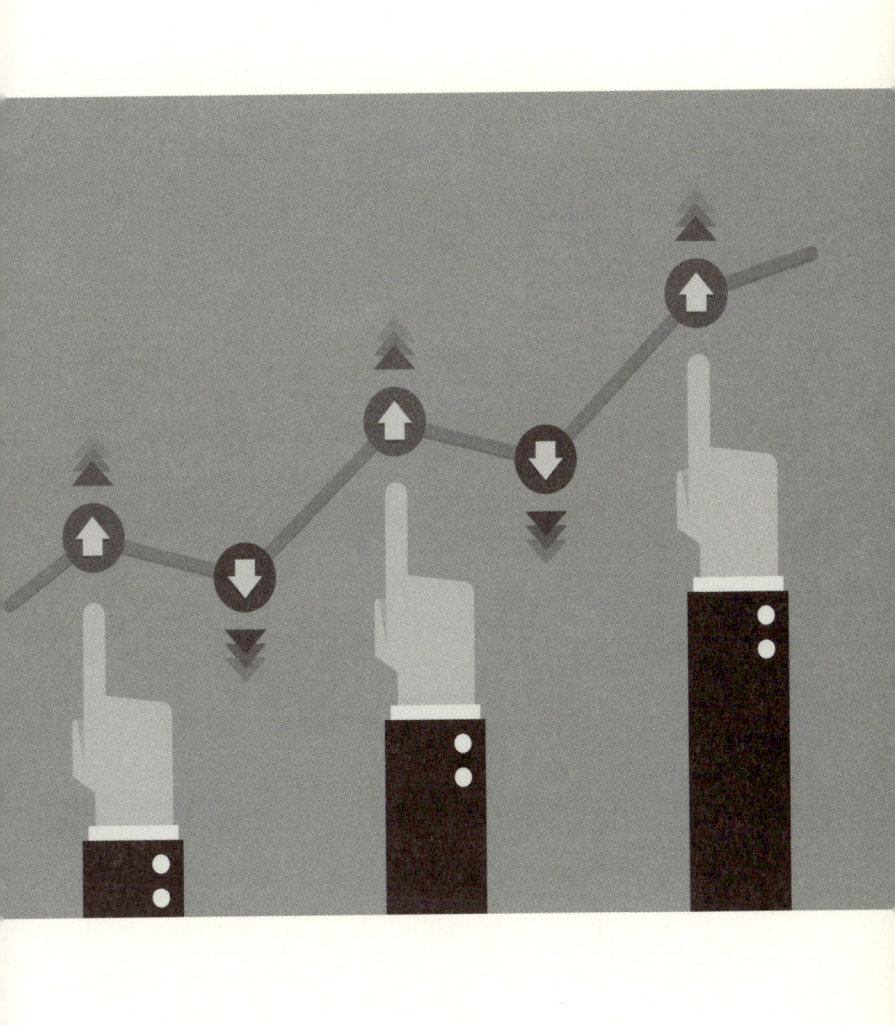

어들일 만한 수준으로 주가를 떨어뜨리는 것 밖에는 별다른 해결책이 없다. 따라서 주기는 이제 하락세를 타게 된다. 주가가 얼마나 떨어질 것인가는 대개 유동자본의 공급에 달려있다. 이는 대체로 금리를 통해 알 수 있다.

주가가 상승하는 동안 대중들이 시장에 참여하게 되면, 한 주주에서 다른 주주로의 전환은 활발하게 이루어진다. 이에 대한 반작용으로 시장의 활동은 일시적으로 느슨해지고, 주가는 다시 상승하기 시작한다. 투자자들은 서서히 자신의 주식을 내려놓는다. 그렇게 함으로써 형성될 새로운 주식가격에 만족하기 때문이다. 주가의 하락은 대개 약한 주주들이 또 다른 약한 주주들에게 주식을 전달하는 것으로 이루어진다. 따라서 주가 하락은 상승보다 더욱 빠르게 진행된다.

한편, 많은 산업 분야에서 이와 동일한 현상이 발생한다. 투기는 결코 주식에만 국한된 현상이 아니다. '기대의 본능'이란 일반적인 것이다. 상품 구매자들은 가장 저렴한 가격에 물건을 구입하려고 노력할 뿐만 아니라, 가장 저렴한 '시간'에 구매하기 위해서도 노력한다.

대규모 세일이 주부를 끌어 들이는 이유는, 그녀가 지난주나 다음주보다 물건 가격이 쌀 것이라고 믿기 때문이다. 비록 자각하고 있지는 않더라도, 그녀는 투기자가 되는 것이다.

조간신문은 아무도 값싼 시간에 사려고 하지 않는 물건처럼 보인다. 하지만 역에서 신문을 사기 위해 추가 금액을 지불해야 하는 몇몇 통근자들은, 기차에서 읽을 신문을 딱 한 부만 산다. 그리고 도시로 들어가 다른 신문을 정가에 살 수 있을 때까지 기다리는 것이다.

비즈니스의 경우에도 마찬가지이다. 대부분의 구매자들은 가격이 오를 것이라고 예상되는 시기에는 가능한 빨리 물건을 산다. 반면에 가격이 떨어질 것이라고 생각하는 경우에는 가능한 오래 구매를 늦추려고 노력한다. 따라서 이미 가격이 매우 높은 경우가 아니라면, 가격의 상승은 주문의 증가를 가져온다. 하지만 가격의 하락할 때면, 그것이 최저점을 찍었다고 생각될 때까지 구매는 감소한다.

투기 정신은 물론 자각되는 것이 아니고, 그런 이름으로 불리지도 않는다. 하지만 이것은 모든 사업에 팽배해있다. 그리고 다양한 형태의 소주기는 주식 시장뿐 아니라 산업의 특징이기도 하다. 강철의 가격, 강철 수주잔고, 선철 생산량, 또는 어음 교환 도표는 주기의 변동효과를 분명하게 보여준다.

이와 같은 원리는, 주식시장과 일반 비즈니스 환경 사이의 상호영향을 보여주기 때문에 중요하다. 어떤 산업주를 사들이려는 욕구가 횡행할 경우, 오래지 않아 그 산업은 융성하게 된다. 산업의 번성은 그 산업에 속한 회사의 주가 상승을 이끈다. 그리고 주가의 상승은 기업가들이 그들의 비즈니스를 확장하도록 장려한다. 왜냐하면 많은 기업가들은, 주식시장을 올바로 해석한다면 미래의 환경에 대한 가치 있는 지표를 얻을 수 있으리라고 생각하기 때문이다.

애견 공원에 있는 강아지들은, 다른 강아지들이 달리는 것을 보았을 때 더 빠른 속도로 더 오랫동안 달릴 수 있다. 인간의 지적 발달 수준에도 불구하고, 이와 같은 초기의 본성은 남아있다. 우리는 상대방의 열광과 낙담을 포착한다. 투기의 정신이 존재하는 어떤 시장에서든 (사실 투기의 정신이 완전히 부재하는 곳을 찾기란 힘들다.) 일단 가격 상승이 시작되면, 이것은 가격이 누가 보더라도 지나치게 높아질 때까지 계속된다. 그리고 가격의 하락은 너무 낮아질 때까지 이어진다. 이것이 소주기의 주된 이야기인 것이다.

소주기의 특징 |

소주기에서 금리와 주가변동 사이의 관계는 흥미로운 것이다. 하지만 이는 처음 생각했던 것만큼 직접적이거나 결정적인 것은 아니다. 주식 시장은 강세 측의 움직임에 따라 변화하는 경우가 대부분이다. 그렇기 때문에 금리가 낮은 기간이 지난 후, 뉴욕의 주요 기업 어음의 금리가 6퍼센트 기준으로 상승하자, 주가 상승은 사실상 멈추게 되었던 것이다. 이후 주식 주기가 하향세를 타는 동안, 금리는 6퍼센트 수준으로 머물렀고, 가끔 더 높은 경우도 있었다. 주식 청산이 끝나고 나면, 대개 몇 달 내에 금리는 약 4퍼센트나 그보다 더 낮은 수준으로 하락했다.

가장 높은 금리는 가장 낮은 주가와 밀접한 관계를

이루어왔다. 금리는 주가가 회복되기 시작하자 점차 떨어졌고, 잠시 동안 4퍼센트 수준으로 머물렀다. 그리고 주가가 최고조에 이르자 다시 6퍼센트로 상승했다. 이론적으로는, 가장 낮은 금리가 가장 높은 주가와 일치를 이루어야 할 것이다. 하지만 실제로는 그렇지 않다. 이는 일단 투기가 시작되면, 금리가 상승한다 하더라도 주가 역시 동시에 오르기 때문이다.

금리와 주가가 보다 조화롭게 움직이지 못하는 또 다른 이유는 이것이다. 현금 수요를 생각했을 때, 주식 투기는 연의 꼬리와 같은 존재이다. 일반 비즈니스의 현금 수요가 연의 몸체인 셈이다. 사업체가 정말로 현금이 필요한 경우, 그들은 주식시장으로부터 돈을 회수한다. 주식의 상승장은 잉여자금에 기반 한다. 잉여자금이란 당장 다른 사업에 필요하지 않은 자금을 말한다.

금리가 급격하게 오를 때까지 상승장이 유지될 것이라고 가정한다면 오산이다. 낮은 금리가 유지될 때도, 상승장은 제 무게를 못 이겨 가끔 넘어질 때가 있다. 1916년 가을에 이러한 현상이 발생했다. 주식의 최고

가는 기업어음의 금리가 3.3-4퍼센트인 때에 달성되었다. 그 금리는 1917년 12월의 주가하락이 끝날 때까지 6퍼센트까지도 채 오르지 않았다.

연방 준비 제도Federal Reserve System는, 재할인을 통해 지나치게 높은 금리를 예방한다. 이것으로 어느 정도는 일반적인 금리의 평균을 낮추는 효과를 가져 올 수도 있다. 그러나 과거와 비교했을 때, 이는 주식시장에서 활용되는 현금의 공급량을 그다지 낮춰주지는 않을 것이다. 신용화폐만큼 유동적인 것은 없다. 대출가능한 자금은 물이 고이는 곳을 찾듯이 스스로 최상의 금리를 찾을 것이다.

산업체의 소주기는 현존하는 다른 어떤 통계자료보다도, 미국 철강 협회의 수주잔고에 보다 직접적으로 분명하게 반영되어 있다. 이는 주식시장의 변화를 제법 규칙적으로 따르고 있다. 즉 주식시장보다 3개월에서 6개월 정도 뒤쳐져서, 가격의 상승과 하락을 그대로 답습하고 있는 것이다.

이러한 이유로, 주식의 소주기는 분명 다가올 철강

산업의 환경을 예측하는 데 도움이 된다. 철강 산업은 또한 다른 무역과도 강력한 동조를 이룰 것이다.

*A
Century of
Prices*

*A
Century of
Prices*

참고문헌

참고문헌

H. C. 아담스(H. C. Adams).

- '금융Fiancne'

우고 라베노(Ugo Rabbeno).

- '미국 상업 정책The American Commercial Policy'

월터 배젓(Walter Bagehot).

- '롬바드 가Lombard Street'

A. 베어링(A. Baring) 애슈버턴 경(Lord Ashburton).

- '금융과 상업 위기에 관하여The Financial and Commercial Crisis Considered'

차스 F. 베스터블(Chas. F. Bastable).

- '국제이론Theory of International'

C. F. 배스터블.
- '공공 금융Public Finance'

N. H. 베버리지(N. H. Beveridge).
- '실업: 산업의 문제Unemployment: A Problem of Industry'

H. 빌그람(Bilgram)과 L. 레비(L. Levy).
- '경제의 기본원리 분석으로부터 드러난 사업침체의 원인Cause of Business Depressions as Disclosed by Analysis of the Basic Principles of Economics'

E. L. 보가트(E. L. Bogart).
- '미국 경제사Economic History of the U. S.'

E. L. 보가트.
- '사업 경제Business Economics'

A. L. 보울리(A. L. Bowley).
- '전쟁이 영국 외부 무역에 미치는 영향The Effect of the War on the External Trade of the United Kingdom'

A. L. 보울리.
- '통계학의 요소The Elements of Statistics'

H. H. 브레이스(H. H. Brace).
- '조직화된 투기의 가치The Value of Organized Speculation'

H. G. 브라운(H. G. Brown).
- '국제 무역과 교역International Trade and Exchange'

J. B. 브라운(J. B. Brown).
- '사업 침체의 원인Causes of Business Depression'

스크리브너 브라운(Scribner Browne).
- '주식 시장의 조류 변화Tidal Swings of the Stock Market'

시어도어 E. 버튼(Theodore E. Burton).
- '금융 위기Financial Crisis'

로버트 E. 체덕(Robert E. Chaddock).
- '미국 남북전쟁 이전의 주립은행과 뉴욕 주의 안전기금 은행 제도State Banking Before the Civil War, and the Safety Fund Banking System in N. Y. State' (제 61회 미 국회, 2기, 상원 문서 5811호)

로렌스 체임벌린(Lawrence Chamberlain).
- '채권 투자의 원칙Principles of Bond Investment'

조지 클레어(George Clare).
- '거래의 기초The A. B. C. of Exchange'

조지 클레어.
- '자금 시장 입문서The Money Market Primer'

C. 코난트(C. Conant).
- '문제의 현대 은행의 역사, 19세기와 1907년의 경제 위기 설명을 중심으로A History of Modern Banks of Issue with Account of Economic Crisis of the 19th Century and Crisis of 1907'

멜빈 T. 코플랜드(Melvin T. Copeland).
- '비즈니스 통계Business Statistics'

멜빈 T. 코플랜드.
- '미국의 목화 제조 산업Cotton Manufacturing Industry of U. S.'

F. 크로웰(F. Crowell).
- '어떻게 비즈니스와 투자 조건을 예측할 것인가How to Forecast Business and Investment Conditions'

스튜어트 대거트(Stuart Daggett).
- '철도 재편Railroad Reorganizations'

H. J. 데번포트(H. J. Davenport).
- '기업의 경제학The Economics of Enterprise'

L. 들로네(L. De Launay).
- '세상의 금The World's Gold'

데이비드 R. 듀이(David R. Dewey).
- '미국의 금융사Financial History of the U. S.'

A. S. 듀잉(A. S. Dewing).
- '회사 홍보와 재편Corporate Promotions and Reorganizations'

C. W. 디스브로우(C. W. Disbrow).
- '주기적인 금융 공황: 원인과 해결책Periodic Financial Panics: The Cause and the Remedy'

C. F. 던바(C. F. Dunbar).
- '은행의 이론과 역사에 대한 논의Chapters on the Theory and History of Banking'

R. T. 일리(R. T. Ely).
- '독점과 기업 활동(Monopolies and Trusts'

H. C. 에머리(H. C. Emery).
- '미국의 주식과 물산거래소에 대한 고찰Speculation on the Stock and Produce Exchanges of the U. S.'

어빙 피셔(Irving Fisher).
- '달러는 왜 줄어드는가? 높은 생활비에 연구Why is the Dolllar Shrinking? A Study in the High Cost of Living'

어빙 피셔.
- '이자율: 그것이 결정하고 관계 맺는 경제현상Rate of Interest: Its determination and ralation to economic phenomena'

어빙 피셔.
- '돈의 파워를 구매하다: 그것이 신용화폐, 이자율, 경제위기에 미치는 영향 및 그들과의 관계Purchasing Power of Money: Its determination and relation to credit, interest, crises'

헨리 조지(Henry George).
- '진보와 가난Progress and Poverty'

T. W. 깁슨(T. W. Gibson).
- '투기의 주기Cycles of Speculation'

로버트 기펜(Robert Giffen).
- '경제문의와 연구Economic Inquiries and Studies'

헨리 홀(Henry Hall).
- '유가증권 투자에서 돈은 어떻게 만들어지는가How Money is Made in Security Investments'

F. B. 홀리(F. B. Hawley).
- '사업과 생산 과정Enterprise and the Productive Process'

N. F. 힉커넬(N. F. Hickernell).
- '기초 통계학을 기반으로 비즈니스를 예측하는 방법Methods of Business Forecasting Based on Fundamental Statistics'

J. L. 히긴슨(J. L. Higginson).

- '업무에서의 관세Tariffs at Work'

W. 허스트(W. Hirst).
- '전쟁의 정치경제The Political Economy of War'

존 A. 홉슨(John A. Hobson).
- '물가상승의 원인Causes of the Rise in Prices'(제 62회 미 국회, 3기, 상원 문서 980호)

존 A. 홉슨.
- '현대 자본주의의 진화Evolution of Modern Capitalism'

G. 헐(G. Hull).
- '고물가와 산업침체High Prices and Industrial Depressions'

H. M. 하인드먼(H. M. Hyndman).
- '19세기의 상업위기Commercial Crises of the 19th Century'

W. C. 제본즈(W. C. Jevons).
- '통화와 금융에 대한 조사Investigations in Currency and Finance'

H. S. 제본즈.
- '경제학 평론Essays in Economics'

W. S. 제본즈.

- '현금과 교환기제Money and the Mechanism of Exchange'

E. R. 존슨(E. R. Johnson)과 G. G. 휴브너(Huebner).

- '철도 교통과 금리Railroad Traffic and Rates' (2권)

E. D. 존스(E. D. Jones).

- '경제 위기Economic Crises'

C. 주글라(C. Juglar).

- '공황과 미국에서 주기적인 발현에 대한 짧은 역사Brief History of Panics and Their Periodical Occurence in the U. S.'

에드윈 W. 케머러(Edwin W. Kemmerer).

- '현금과 신용화폐: 그들과 일반 물가의 관계에 대한 문서Money and Credit: Instruments in Their Relation to General Prices'

에드윈 W. 케머러.

- '미국 내 현금과 자본에 대한 상대적 수요의 주기적 변화Seasonal Variations in the Ralative Demand for Money and Capital in the U. S.' (제 61회 미 국회 2기, 상원 문서 588호)

데이비드 킨리(David Kinley).

- '현금과 통화Money and Currency'

데이비드 킨리.

- '미국 내 지불 수단으로서 신용화폐의 사용Use of Credit Instruments in Payments in the U. S.' (제 61회 미 국회 2기, 상원 문서 339호)

W. J. 록(W. J. Lauck).
- '1893년 공황의 원인Causes of the Panic of 1893'

제임스 L. 라플린(James L. Laughlin).
- '돈의 원리The Principles of Money'

제임스 L. 라플린.
- '돈과 가격Money and Pricies'

제임스 L. 라플린.
- '은행 개혁에 대한 제안Suggestions for Banking Reform'

W. T. 레이턴(W. T. Layton).
- '19세기 가격 연구 입문Introduction to the Study of Prices with Special Reference to the 19th Century'

W. H. 라이온스(W. H. Lyons).
- '기업 재무Corporation Finance' (최종본)

A. W. 마그레프(A. W. Margraff).
- '국제 교환International Exchange'

알프레드 마셜(Alfred Marshall).
- '경제학 원리Principles of Economics'

리차드 마요스미스(Richard Mayo-Smith).
- '통계학과 경제학Statistics and Economics'

W. C. 미첼(W. C. Mitchell).
- '표준지폐 하에서의 황금, 물가 그리고 임금, 1862-1880Gold, Prices and Wages under the Greenback Standard, 1862-1880'

W. C. 미첼.
- '지폐의 역사, 지폐의 발행과 그것이 경제에 미친 결과History of the Greenbacks, with Special Reference to Economic Consequences of their Issue'

W. C. 미첼.
- '비즈니스 주기Business Cycles'

H. L. 무어(H. L. Moore).
- '경제 주기: 그 법칙과 원인Economic Cycles: Their Law and Cause'

H. L. 무어.
- '목화의 생산량과 가격 예측Forecasting the Yield and Price of Cotton'

알프레드 노이스(Alfred Noyes).
- '미국 금융의 40년Forty Years of American Finance'

S. S. 프랫(S. S. Pratt).
- '월스트리트의 사업The Work of Wall Street'

J. 페랑(J. Perrin).
- '무역 파동과 공황Trade Fluctuations and Panics'

A. 라팔로비치(A. Raffalovich).
- '1889년 이래 상업과 금융의 위기Les Crises Commerciales et financières depuis 1889.'

W. Z. 리플리(W. Z. Ripley).
- '철도: 금리와 규칙-1권. 철도: 재무와 조직-2권.Railroads: Rates and Regulation-Volume 1. Railroads: Finance and Organization-Volume 2.'

J. K. 로트베르투스(J. K. Rodbertus).
- '과잉생산과 위기Overproduction and Crises'

G. C. 셀던.
- '주식시장의 심리학Psychology of the Stock Market'

G. C. 셀던.
- '이윤을 위한 투자Investing for Profit'

G. C. 셸던.
- '채권 구매의 기초A. B. C. of Bond Buying'

윌리엄 스마트(William Smart).
- '경제학 연구Studies in Economics'

윌리엄 스마트.
- '부의 분배Distribution of Wealth'

에즈라 스프래그(Ezra Sprague).
- '투자의 회계학The Accountancy of Investments'

O. M. 스프래그.
- '국법은행 체제 하에서 경제위기의 역사History of Crises under the National Banking System'

F. H. 스트레이트호프(F. H. Streighthoff).
- '미국 산업인구의 생활 기준The Standard of Living Among the Industrial People of America'

F. H. 스트레이트호프.
- '수입의 분배The Distribution of Incomes.' 콜롬비아 대학교 Columbia University. 역사, 경제학, 공법 연구Studies in History, Economics and Public Law. 3권 2호.

F. W. 타우시그(F. W. Taussig).

- '미국 무역 관세의 역사Tariff History of the U. S. Trade'

C. R. 반 하이즈(C. R. Van Hise).
- '집중과 관리Concentration and Control'

톤스타인 B. 베블렌(Thornstein B. Veblen).
- '비즈니스 기업 이론Theory of Business Enterprise'

프란시스 아마사 워커(Francis Amasa Walker).
- '경제학과 통계학 토론Discussion in Economics and Statistics' 데이비드 R. 듀이 편집.

프란시스 아마사 워커.
- '무역 및 산업과의 관계에서의 돈Money in Its Relation to Trade and Industry'

C. M. 월시(C. M. Walsh).
- '일반적인 교환가치의 측정: 화폐과학의 근본적 문제The Measurement of General Exchange Value: The Fundamental Problem of Monetary Science'

시드니 웹(Sidney Webb)과 베아트리체 웹(Beatrice Webb).
- '무역 노조주의의 역사History of Trade Unionism'

시드니 웹과 베아트리체 웹.
- '산업적 민주정치Industrial Democracy'

L. D. H. 웰드(L. D. H. Weld).
- '농장 작물의 판매The Marketing of Farm Products'

데이비드 A. 웰스(David A. Wells).
- '최근의 경제적 변화와 그것이 부의 생산 및 분배, 그리고 사회적 웰빙에 미치는 영향Recent Economic Chnages and their Effect on Production and Distribution of Wealth and Well-being of Society'

하틀리 위더스(Hartley Withers).
- '주식과 몫Stocks and Shares'

하틀리 위더스.
- '화폐 전환Money Changing'

하틀리 위더스.
- '화폐의 의미The Meaning of Money'

L. H. 자트만(L. H. Zartman).
- '생명 보험회사의 투자Investments of Life Insuarance Companies'

*A
Century of
Prices*

참고자료

―――. 연간 보고서-통화 감사원.

―――. 연간 보고서-조폐국장.

―――. 연간 보고서-연방준비제도이사회.

―――. 연간 보고서-미국 재무담당자.

―――. 미국 노동부 회보.

―――. "목화의 진실Cotton Facts" C. 겔러Geller 편집.

―――. "연간준비 회보Federal Reserve Bulletin" 월간. 연방준비제도이사회.

―――. "전쟁 시기 가격의 역사, 1914-1918History of Prices During the War (1914-1918))" 가격 분야. 군수산업청. W. C. 미첼 편집.

―――. "금속의 통계Metal Statistics" 미국 금속시장 회사 출판.

―――. "미국의 국외무역에 관한 월간 일람Monthly Summary of Foreign Commerce of the U. S."

―――. 전국화폐위원회.

―――. "전쟁의 경제학The Economics of the War"에 실린 자료들. J. 모리스 클락Maurice Clark, 월턴 H. 해밀턴Walton H. Hamilton, 해럴드 C. 몰톤Harold C. Moulton 편집.

―――. 미국 철강협회 보고서.

―――. 목화 거래에 대한 보고서-조합장.

―――. 농무부 보고서.

―――. 미국 산업위원회 보고서.

―――. 자산, 빚, 세금에 관한 특별 통계조사 보고서.

―――. 미국에 관한 요약 통계.

―――. "지수의 제작과 사용The Making and Using of Index Numbers" (미국 노동부 회보, 173호).

가격의 세기

초판 1쇄 발행 2016년 11월 13일

지 은 이	시어도어 E. 버튼, G.C. 셀든
옮 긴 이	임고은
펴 낸 이	이상무
기획마케팅	황필근, 박한나, 서리라, 형민음
편 집	박준모, 이원진
디 자 인	김고은, 유하영
기 획 위 원	박성준
법 률 자 문	곽성환

펴 낸 곳	(주)레디셋고
출판등록	2012년 2월 21일 제2012-000066호
주 소	04780 서울특별시 성동구 성수이로7길27 서울숲 코오롱디지털타워2차 610호
전 화	02-711-5507
전 송	02-472-7470
홈 페 이 지	www.readysetgo.co.kr
전 자 우 편	readysetgo@readysetgo.co.kr

ⓒ 레디셋고 2016
978-89-97729-90-6 (04300)
978-89-97729-82-1 (세트)

· 이 책의 내용을 무단 복제하는 것은 저작권법으로 금지되어 있습니다.
· 잘못된 책은 구매하신 곳에서 바꾸어 드립니다.